Zu diesem Buch

«Ein Pommer sagt, was er denkt, steht, wo er steht, schlägt, wo zugeschlagen werden muß, und ist eben immer, was er ist: ein Pommer. So charakterisiert der Pommer Hans Werner Richter seine Landsleute. Er billigt ihnen zudem Einfachheit, Genügsamkeit, Bedächtigkeit, Wortkargheit (‹Hei räd't ein bäten tau viel›), Ruhe, Fleiß, Zähigkeit, Geduld, Vitalität zu und meint, die Pommern seien Feinde aller Neuerungen. Pommerns 500 Kilometer lange Küste mit ihrer grandiosen Brandung, mit Steilküsten und Kreidefelsen war ein Eldorado für Sommergäste und Erholungssuchende. Sie war neben den pommerschen Grenadieren genauso berühmt wie die pommerschen Gänse und die pommerschen Heringe – ganz zu schweigen von den Kartoffeln. Und doch wurde Pommern belächelt – seine Vor- und Hinterpommern. Das Land wurde im Laufe der Geschichte vielfach zerstört, gebrandschatzt und drangsaliert, es blieb jahrhundertelang hinter der allgemeinen Entwicklung zurück. Und doch hat es so viele große Männer und Originale hervorgebracht: Fontane, Virchow, Philipp Otto Runge, Nettelbeck, Caspar David Friedrich, Carl Ludwig Schleich, Ernst Moritz Arndt, die Bismarcks, Heinrich George, Uwe Johnson, Paul Dahlke und Peter van Eyck, um nur einige zu nennen ...» (Deutsche Presse-Agentur). – «Wer kann noch Platt wie er ... Bei Richter nölt es breit und gemütlich und hat Platz für ein listiges Lächeln und vielleicht auch noch für den Priem. Der Tonfall stimmt, die lakonische Nüchternheit, die Übertreibung, die Skepsis, die leise Wehmut. Warum nur ist Heimatdichtung in Verruf geraten, wenn es doch diese echten Töne gibt? Heldenlieder und Genies sind in Pommern rar. Dafür gibt es Originale, wie sie ein herbes Land und ein karges Leben hervorbringen, deftige gastronomische Genüsse und sogar eine besondere Sorte Sex, die sich deutlich von der anderer Ostsee-Bewohner unterscheidet. Vom Hundertsten ins Tausendste zu kommen, gelingt offenbar auch einem Pommern mühelos, wenn er nur das richtige Thema hat. Von Maulfaulheit – einer sonst weitverbreiteten Eigenschaft in der blau-weißen Provinz – ist hier jedenfalls nichts zu merken» («Frankfurter Allgemeine Zeitung»).

Hans Werner Richter, geboren am 12. November 1908 im Ostseebad Bansin als Sohn eines Fischers, war nach Buchhändlerlehre und Wehrdienst Mitbegründer der Zeitschrift «Der Ruf» (1946/47). Er schrieb die Romane «Die Geschlagenen» (1949), «Sie fielen aus Gottes Hand» (1952), «Spuren im Sand» (1953), «Du sollst nicht töten» (1955), «Linus Fleck oder Der Verlust der Würde» (1958), «Rose weiß, Rose rot» (1971), ferner «Karl Marx in Samarkand – Eine Reise an die Grenzen Chinas» (1967). Er ist Herausgeber von «Almanach der Gruppe 47» (Rowohlt 1962), «Die Mauer oder Der 13. August» und «Plädoyer für eine neue Regierung oder Keine Alternative». Richter, Initiator der «Gruppe 47» und Mitglied des deutschen PEN-Zentrums, wurde 1951 mit dem Fontane-Preis der Stadt Berlin und 1952 mit dem René-Schickele-Preis ausgezeichnet. Er lebt heute in Berlin und München.

HANS WERNER RICHTER

Deutschland deine Pommern

Wahrheiten, Lügen und schlitzohriges Gerede
Mit 40 Illustrationen
von
Franz Wischnewski

rororo

ROWOHLT

Umschlagentwurf Jürgen Wulff

Ungekürzte Ausgabe
Veröffentlicht im Rowohlt Taschenbuch Verlag GmbH,
Reinbek bei Hamburg, Oktober 1972

Satz Aldus (Linofilm-Super-Quick)
Gesamtherstellung Clausen & Bosse, Leck/Schleswig
Printed in Germany
ISBN 3 499 11537 9

1. Kapitel

BLAU-WEISS IST NICHT WEISS-BLAU GIBT ES DIE POMMERN NOCH?

Wenn in stiller Stunde
Träume mich umwehn,
Bringen frohe Kunde
Geister ungesehn;
Reden von dem Lande
Meiner Heimat mir,
Hellem Meeresstrande,
Düsterm Waldrevier.

Weiße Segel fliegen
Auf der blauen See,
Weiße Möwen wiegen
Sich in blauer Höh'.
Blaue Wälder krönen
Weißer Dünen Sand.
Pommerland, mein Sehnen
Ist dir zugewandt.

ZWEI STROPHEN AUS DEM «LIED DER POMMERN»

Die Farbe der Bayern ist weiß-blau, die Farbe der Pommern blau-weiß. Ein Pommer ist also ein auf den Kopf gestellter Bayer. Oder umgekehrt: ein Bayer ist ein auf dem Kopf stehender Pommer.

Wer aber von beiden auch immer auf dem Kopf oder auf den Füßen steht, Pommern und Bayern haben fast nichts miteinander zu tun, bis auf gewisse Ähnlichkeiten, bei denen das «Blau» eine größere Rolle spielt als das Weiß. Ein «blauer» Bayer und ein «blauer» Pommer sind nicht voneinander zu unterscheiden. Beide würden, zusammen trinkend, abwechselnd auf dem Kopf stehen, einmal blau oben, einmal weiß unten, und umgekehrt, von allen anderen gleichartigen Reaktionen ganz zu schweigen.

Natürlich haben die Pommern mehr Anrecht auf ihr Blau und Weiß als die Bayern auf ihr Weiß und Blau, denn in Pommern ist fast alles blau oder weiß. In Pommern ist der Himmel blau und sind die Wolken weiß, sind die Möwen weiß und die Fische blau, ist das Meer blau und sind die Dünen weiß, und der Charakter der Pommern ist entweder blau mit weißen Punkten besetzt, oder weiß mit blauen Punkten besetzt. Jene blauen, mit weißen Punkten besetzt, sind für mich die eigentlichen Pommern. Sie leben gern, trinken gern, lachen gern und erzählen und lieben gern. Es gibt sie dementsprechend auch viel zahlreicher als jene weißen, mit blauen Punkten besetzt, die lieber beten als leben, früher gern marschierten, und denen das Bigotte wie ein ewiger imaginärer Trauertropfen an der Nasenspitze hängt. Doch ist es hier noch zu früh, von dem Charakter der Pommern zu sprechen. Bleiben wir bei dem weiß-blauen oder blau-weißen Vergleich mit den Bayern.

Die Bayern gibt es noch, und sie tragen ihre weiß-blauen Farben stolz vor sich her, die Pommern aber gibt es nicht mehr, und ihre blau-weißen Farben sind so gut wie vergessen.

Keinem pommerschen Herzog oder Ministerpräsidenten flattert noch ein blau-weißes Fähnelein voran, und an keiner pommerschen Ulanenlanze hängt neben dem preußischen Schwarz-Weiß oder Weiß-Schwarz noch der blau-weiße Wimpel. Keine blau-weißen Grenzpfähle zeugen von einem Freistaat Pommern, und kein Greif mit blau-weißen Flügeln sitzt einem Löwen mit weiß-blauem Schwanz gegenüber. «Pommerland ist abgebrannt.» Und die Pommern gibt es nicht mehr.

Gibt es sie wirklich nicht mehr? Das ist die Frage. In der Bundesrepublik leben heute etwa eine Million Pommern und in der DDR etwa eine dreiviertel Million. Aber gesetzlich, legal, von Staats wegen existieren sie als Pommern nicht mehr. Sie sind Bayern, Schleswig-Holsteiner, Rheinländer, Niedersachsen und so weiter. Jenseits der Grenzpfähle der Bundesrepublik aber sind sie heute Ostmecklenburger. Alle miteinander sind in andere deutsche Provinzen eingemeindet.

Auch wenn jene, die in der Bundesrepublik leben, sich als Pommern fühlen, werden doch ihre Kinder und Kindeskinder Rheinländer, Bayern, Niedersachsen oder Schleswig-Holsteiner sein. Ein pommersches Kind, in Bayern geboren, wächst bayrisch auf, ob es die Väter und Mütter wollen oder nicht. Es verliert sich nicht nur der pommersche Akzent, es verliert sich auch jede Erinnerung an Pommern. Sie verliert sich auch dann, wenn die Eltern diese Erinnerungen ihr ganzes Leben lang pflegen, in dem Kind wecken und wachzuhalten versuchen.

Als mein Großvater mit fast einem Dutzend Kindern an die pommersche Küste zog, waren alle miteinander Sachsen, wenn auch leicht mit Zigeunerblut durchsetzt. Meine Großmutter väterlicherseits sprach ein so schnelles und unverständliches Sächsisch, daß alle ihre pommerschen Bekannten und Verwandten sie immerfort unterbrechen mußten:

«Langsom, langsom, wi verstohn di jo nich.»

Ihre Kinder sprachen schon alle plattdeutsch, und deren Kinder waren bereits waschechte Pommern, die als pommersche Grenadiere für Kaiser, König und Führer, oder sonst etwas, ins Feld zogen und ihre nunmehr berühmten pommerschen Knochen für etwas hinhielten, wovon sie nichts verstanden oder nichts verstehen wollten.

Ich selbst bin nie auf die Idee gekommen, daß sächsisches Blut in meinen

Adern fließt. Zwar schlägt mein Herz nicht gerade höher, wenn von Pommern die Rede ist, aber es fühlt sich doch auf das angenehmste berührt. Sachsen hingegen läßt mich völlig kalt. Ja, ich kann nicht verhehlen, daß ich etwas gegen die Sachsen habe, seitdem sie in dem Landstrich, der nun nicht mehr Pommern heißt, so zahlreich geworden sind.

In Kürze, das heißt in hundert Jahren, wird es also keine Pommern mehr in Westdeutschland geben. Jene, die so alt sind wie ich, werden dann längst dahingegangen sein, und ihre Nachkommen werden kaum noch wissen, daß sie Pommern sind. Die Märchenerzählungen ihrer Ur-Ur-Urgroßeltern reichen nicht aus, um lebendige Erinnerungen wachzuhalten, auch dann nicht, wenn sie durch Generationen fortgesetzt werden. Was aber wird aus jenen, die nicht davongingen oder davongehen mußten: den restlichen Vorpommern, die westlich der Oder sitzen, auf der Insel Usedom, auf Rügen, in Stralsund, Prenzlau, Greifswald, Pasewalk, Ducherow?

Auch sie sind bekanntlich keine Pommern mehr. Sie sind heute Mecklenburger. Walter Ulbricht hat sie den Mecklenburgern geschenkt oder übereignet, oder einfach zugeschlagen. Aus dem Rest der Provinz Pommern wurde laut Dekret ein Teil des Regierungsbezirks Mecklenburg, genau gesagt: «Ostmecklenburg». So sind alle Vorpommern jetzt Ostmecklenburger. Es ist nicht bekannt, was die Mecklenburger dazu gesagt haben. Sehr erfreut können sie nicht gewesen sein. Nicht nur, daß die mecklenburgischen Ritter oder Strauchritter sich immer mit den pommerschen herumschlugen, Mecklenburg war auch stets ein fast selbständiges staatliches Gebilde, und dies noch unter den Preußen.

Solange es Mecklenburger gibt, und das reicht nach ihren eigenen Aussagen bis in die seligen Gefilde des Paradieses zurück – Adam und Eva wurden von Gott nach Ansicht der Mecklenburger im Mecklenburgischen in die Welt gesetzt –, haben sie die Pommern für etwas dümmer gehalten als sich selbst. Doch sie wurden nicht gefragt. Niemand hat in Mecklenburg über die Frage abstimmen lassen: «Wollt ihr die Vorpommern oder wollt ihr sie nicht?» Die Mecklenburger mußten nehmen, was ihnen laut Verordnung anheimfiel.

Wie immer in Pommern, wurden natürlich auch die restlichen Vorpommern nicht gefragt. Sie wachten eines Morgens in ihren pommerschen Federbetten auf und waren Mecklenburger. Der Dialog zwischen einem vorpommerschen Ehepaar, das so erwachte, kann etwa folgendermaßen verlaufen sein:

«Du, Richard, häst du hürt, jetzt sind wi Mecklenburger.»

«Dat doch woll nich, Anna.»

«Doch, doch, sei segg'n et jo im Radio.»

«Dat givt et nich, Anna. Worüm denn Mecklenburger? Worüm nich glick Berliner?»

Sonderlich erfreut können also auch die Vorpommern nicht gewesen sein. Hochnäsigkeit, wie sie es nannten, ging auch ihnen nicht ab. Wie die

Mecklenburger auf sie, so sahen sie umgekehrt auf die Mecklenburger herab. Mecklenburger, das waren für sie «Spinner» oder «Spinnenkieker» oder «Spökenkieker». Die mecklenburgische «Spinnerei» war nicht vereinbar mit ihrer klaren vorpommerschen Rationalität. Die Frage ist, ob sich vorpommersche Rationalität mit der mecklenburgischen «Spökenkiekerei» gut verbindet, ja zu einer Art höheren rationalen Spinnerei vereint, was neue Aspekte eröffnen und für die DDR von Nutzen sein könnte.

Auch das muß hier noch gesagt werden, obwohl es jeder weiß. Alle miteinander, die Mecklenburger wie die Vorpommern, sind heute DDR-Bürger und haben eigentlich nach bestimmten offiziellen Auffassungen nichts mehr mit uns zu tun. Oder sie haben – nach dem Willen der DDR-Regierung – nur so viel mit uns zu tun wie etwa die Österreicher oder die Schweizer, mit denen man ja ebenfalls verwandt sein darf. Das darf man auch mit den heutigen Ostmecklenburgern, die gestern noch fröhlich Pommern beziehungsweise Vorpommern waren.

Hier liegt das Problem dieses Buches. Es liegt in der Zweistaaten-Realität.

«Deutschland deine Pommern», gibt es das noch? Sind die Pommern, die es rechtsstaatlich, oder sagen wir besser «behördenmäßig», gar nicht mehr gibt, noch Deutschlands Pommern? Und gibt es das Deutschland noch, zu dem die Pommern als Pommern gehörten? Realistisch müßte man fragen: «O ihr beiden deutschen Staaten, was ist aus euren Pommern geworden?»

Oder: «O Konrad Adenauer und Walter Ulbricht, was habt ihr mit unseren Pommern gemacht?»

Oder auch: «Breschnew, gib uns unsere Pommern zurück.»

Doch tun wir so, als ob es das Pommern noch gäbe, das Deutschlands Pommern war, und beschreiben wir die Pommern so, wie sie einmal waren oder vielleicht noch immer sind: «Deutschlands Pommern.»

2. Kapitel

MENSCH, KARL, DAS LEBEN IST SCHWER
WAS IST EIN POMMER?

Daß er ein Pommer war, daran berauschte er sich in einer Weise, die mitriß. Und ein bißchen war es natürlich auch Wein und Schnaps, die mitgerissen haben.

KARL N. NIKOLAUS ÜBER HEINRICH GEORGE

Es ist schwierig zu sagen, was ein Pommer ist. Analysiere ich mich selbst, so komme ich auf Eigenschaften, die nicht pommersch sein können.

Redlich und offenherzig sollen die Pommern sein, arbeitsam, geduldig, standhaft, klug ohne Hinterlist, kühn, unerschrocken, tapfer, ehrliebend, ohne ehrgeizig zu sein, und – na ja – Feinde aller Neuerungen. So sagt es ein Ludwig Wilhelm Brüggemann um 1779. Ich muß zugeben, einiges stimmt, «standhaft» zumindest und auch das «ehrliebend, ohne ehrgeizig zu sein», aber schon das «klug ohne Hinterlist» macht mich skeptisch. Richtig hingegen ist, daß die Pommern Feinde aller Neuerungen waren, wenn auch nicht so unbedingt, wie es hier steht. Für Neuerungen ist auch ein Pommer, wenn sie zu seinem Vorteil sind. Da er aber über eine schnelle Intuition nicht verfügt, kommt er meistens zu spät, um diesen Vorteil wahrnehmen zu können. Sein oft konservatives Naturell hindert ihn daran, notwendige Veränderungen – Revolutionen wie Evolutionen – rechtzeitig zu erkennen. Es muß in diesem Zusammenhang auch zugegeben werden, daß viele Pommern (beileibe nicht alle) 1930 bis 1933 rückwärts marschierten, dem vermeintlich Guten, Alten, Bewährten zu, oder dem zu, was sie dafür hielten, immer mit Stahlhelm und schwarz-weiß-rotem Band, und erst, als es zu spät war, sagten sie:

«Denn'n Schiet, denn'n hemm wi nich wullt.»

Trotzdem gibt es in der Vergangenheit fast nur wohlmeinende Urteile über sie. Ein Thomas Kantzow hält sie 1542 für:

«ein Folck mehr gutherzig wann freuntlich und mehr simpel wann klug, nicht leichtsynnigk, auch nicht sehr frohlich, sonder etwas ernster und schwermutig. Sunst aber ist's ein aufgericht, trewe, verschwigen Folck, das die Lügen und Schmeichelworte hasset, pittet gern Geste und gehet wider zu Gaste und thut einander nach irer Art und Vermegen gern gutlich . . .»

Auch zu diesem Wort ist eine Einschränkung notwendig. Ich kenne viele Pommern, die die Lüge nur bei anderen hassen, selbst aber gern und vortrefflich lügen. Dies nicht nur in Notwehr, sondern auch sonst. Ein

Fischer an der Küste lügt das Blaue von seinem pommerschen Ostseehimmel herunter, besonders, wenn er mit sächsischen Gästen spricht. Da werden aus simplen Möwen kraftstrotzende Seeadler, aus armseligen «Pissliesen» armdicke Aale, aus mittleren Stürmen Orkane und Taifune, in denen seinerzeit Dutzende von seefahrenden Pommern ertranken. An männlicher Potenz verfügen sie meistens über dreimal soviel als andere normale Sterbliche, und was ihre Abenteuer betrifft, so sind sie von haarsträubender Unwahrscheinlichkeit.

Ich kannte einen Pommern, Handwerker und Fischer, der als preußischer Ulan im Ersten Weltkrieg gen Osten ritt, dort schon bei der ersten Attacke sieben Russen hintereinander mit seiner Lanze aufspießte, dann im Trab zu seinem Kommandeur zurückritt und alle sieben vor dessen Füßen von seiner Lanze schüttelte. Aber damit nicht genug. Kaum hatte besagter pommerscher Ulan seine sieben Russen abgeliefert, ritt er auch schon wieder zurück, und diesmal hatte er gleich neun Russen auf seiner Lanze, aber der neunte sprang ihm unverständlicherweise wieder herunter:

«Jo, wat sall ick di segg'n. Dor springt mi dei doch werra von dei Lanz, springt runner und löpt mi wech, löpt einfach wech. Över ick hinner emm her, immer hinner emm her. Und wat sall ick di segg'n, dor sind Dusende von Kosaken, teindusend und noch mihr. Und ick dor twischen und retour. Und dei acht Russen up min Lanz lopen näben min Pird her, wat dat Tüch hüllt.»

Ein anderer nahm als Infanterist, ebenfalls im Ersten Weltkrieg, an einem Sturmangriff auf amerikanische Stellungen teil. Er lief, einmal im Laufen, zu weit und stand plötzlich einem amerikanischen General gegenüber. Und was sagte der General?

«Ja, da bist du ja, mein lieber Neffe.»

Dieser amerikanische General war sein vor drei Jahrzehnten ausgewanderter Onkel, was den Infanteristen nicht weiter erstaunte. Hocherfreut über die unverhoffte Begegnung, klopfte der ordenstrotzende General dem pommerschen Infanteristen auf die Schulter und sagte: «Laß dich mal bei mir in den Staaten sehen» und «Besuch mich doch mal in Amerika», und schickte ihn zu seiner deutschen Einheit zurück.

Zwei Jahre später kam die Einladung aus Amerika, ein Dollarscheck und alles, was besagter ehemaliger Infanterist für seine Reise in die USA benötigte. Der pommersche Infanterist fuhr und erlebte dies:

«Du wast et mi nich glöben. Aber da war ein Schloß, teinmol so grot as min Hus. Und Diener, jede Zahl. Und wat segg'n dei Diener tau mi? ‹Herr Steinbrink, kommen Sie rein, der General erwartet Sie.› Und ick min Mütz unner'n Arm und rin. Und wer saß da neben denn'n Generol? Dat wast du ook nich glöben. Aber es ist so. So wahr mir Gott helfe. Da saß ein Löwe. Und wat hätt dei Löw vör sich? Ein Kotelett, so grot as bi uns ein Disch. Und tatsächlich, dei Löw ißt doch mit Messer und Gabel, und dat von einem goldenen Teller.»

Diese Erzählung, halb in Plattdeutsch, halb in Hochdeutsch, geht weiter. Der General sagt zu dem Löwen:

«Und dies dort ist mein lieber Neffe Steinbrink aus Neu-Sallenthin.» Der Löwe nickt, und nun beginnt auch er zu sprechen: «Ja, mein lieber Steinbrink, dann nehmen Sie man neben dem General Platz. Wie geht es denn in Neu-Sallenthin?»

Nirgends habe ich den Satz: «Hei lücht schon werra» so oft gehört wie in Pommern, aber niemand nimmt an dem Wort: «Er lügt schon wieder» Anstoß, weder der Erzähler noch der Zuhörer. Man läßt jeden mit seinen Lügen allein. Ernst, kopfnickend und jeden Satz bestätigend hört man dem Erzähler zu, sagt höchstens einmal «Nein, so was» oder «Dei Düwel ook» oder «Ach, du lieber Gott, wie kommt denn der Löwe dahin?» Auf die Antwort «Aber der wohnte doch im ersten Stock, eine ganze Etage, sage ich dir, und das in seidenen Himmelbetten» nickt man wieder verständnisinnig und sagt höchstens: «Ja, natürlich, wo soll er denn sonst auch wohnen.»

Erst wenn der Erzähler gegangen ist, lacht man über ihn, sagt: «So ein

Quatschkopp» oder «Jetzt habe ich die Geschichte schon zum zehntenmal gehört, und jedesmal wird der Löwe größer, das Schloß höher und der General reicher.»

Nein, wahrheitsliebend sind die Pommern nicht. Sie sind es weder ihren Mitpommern gegenüber noch gegenüber ihrem irdischen oder ihrem himmlischen Richter. Kommen sie in Bedrängnis, so sagen sie einfach: «Ich war es nicht.» Das sagen sie so lange, bis jedermann überzeugt ist, daß ein Pommer immer und zu allen Zeiten die Wahrheit spricht. Sie besitzen ein vortreffliches Durchstehvermögen.

So etwa sahen früher die Dialoge vor Gericht aus.

«Herr Amtsrichter, ich war es nicht.»

«Aber hier sind doch die Beweise. Hier ist doch das Bierseidel, das Sie Ihrem Nachbarn auf den Kopf geschlagen haben.»

«Bierseidel? Kenn ich nicht. Ich sage ja, ich war es nicht, Herr Amtsrichter.»

«Sie lügen. Und was sagen Sie denn zu dem Messer, das hier liegt und mit dem Sie Ihren Nachbarn angegangen sind? Es ist doch Ihr Messer?»

«Es ist nicht mein Messer, Herr Amtsrichter. Ich war es nicht.»

«Es ist Ihr Messer!»

«Ich war es nicht.»

«Sie waren es. Also sagen Sie die Wahrheit. Unter zwei Jahren geht das sowieso nicht für Sie ab.»

«Das ist mir egal, Herr Amtsrichter, aber waren – nein, war ich nicht.»

Auch mit dem allerhöchsten Richter gehen sie nicht viel anders um. Gott ist für sie nur ein Pseudonym für alles, was sie nicht begreifen. Näher ist ihnen die Erde, auf der sie stehen.

Ich kannte einen Anstreicher, der Johann hieß und der einen Schwager hatte, Fischer und Maurer, den man «Johann Buck» nannte. Dies, weil seine Potenz die aller anderen nach eigenen Angaben um ein Vielfaches übertraf. Als nun Johann, der Anstreicher, im Sterben lag, kam der andere Johann, sein Schwager, «Johann Buck», herein und sagte:

«Johann, wist du mit Mausik beardigt war'n?»

Und da verschied Johann, der Anstreicher.

An einen Pastor hatten sie beide nicht gedacht, an Gott auch nicht.

Gewiß, so sind nicht nur die Pommern. Aber es ist doch ein Unterschied, ob jemand, wie die Bayern, immer in Gott lebt, oder, wie die Pommern, nur neben Gott.

Aber nehmen wir noch ein gutes Wort über die Pommern. Es ist von einem Schriftsteller unserer Tage.

«Es lebt viel Witz in ihnen – Bedächtigkeit und Ruhe –, den Pommern, einem Menschenschlag, der gleichermaßen von Meer und Erde geprägt wurde. Sage einer, der Pommer sei stur, so meine ich: Eigensinnig ist er, unverkennbar ganz und gar ein eigener. Sage einer, er sei unzugänglich,

verschlossen, so setze ich dagegen: Bescheiden ist er. Und verwechsle ein Dritter beides mit Zurückgebliebensein und lasse seinen Spott aus, so meine ich: Es ärgert ihn am Pommern nur, was ihm selbst längst abhanden kam, Einfachheit, Genügsamkeit, und statt Unzugänglichkeit Überlegensein – das Überlegensein derer, die, vor vielen hundert Jahren, Weite und Enge zugleich in ihren Blick nahmen, als sie Fischer wurden und Ackerbauern über der Furche, die unmittelbar hinter der Küste begann.»

Nun ja, ganz so einfach, so genügsam und so überlegen sind meine lieben Landsleute wohl nicht. Das Lob, das hier ausgesprochen wird, ist nur bedingt eines. Bescheiden ja, aber überlegen? Stur, nein, aber ganz und gar sein eigener nach all den Vorfahren, die die Pommern haben: Goten, Wenden, Schweden, Dänen, Polen, Preußen, und wer sich sonst noch in Pommern herumtrieb? Die Pommern leben gern, und wer gern lebt, ist nicht ganz und gar tugendhaft, und die Pommern sind – ich meine es – keine Tugendbolde. Auch ein Pommer nimmt gern, was er bekommen kann. Auch in Pommern haut man gern jemanden übers Ohr, wenn es denn sein muß, und meistens muß es sein. Das ist so wie überall. Nur gibt es einen bemerkenswerten Unterschied.

Ein Pommer wird nach einem solchen Vorgang des Übers-Ohr-Hauens häufig melancholisch. Es stimmt ihn traurig, daß er seinen lieben Nächsten so beuteln mußte. Er denkt, es hätte ja nicht sein müssen, wenn der andere rechtzeitig nachgegeben hätte.

Trost suchte er früher vielleicht in der Kirche, unter Umständen neben seinem Opfer. Hieß dieses Opfer, sagen wir, Karl, so sagte er:

«Mensch, Karl, das Leben ist schwer.»

Der andere aber, der Gebeutelte, Übers-Ohr-Gehauene, sagte vielleicht:

«Jo, jo, Willem, för di väl mihr as för mi.»

Oder er sagte gar nichts, nahm sich aber im strengen Gebet vor, jenem bei der nächsten Gelegenheit ein Bein zu stellen, was nun auch ihn bis zum Hals hinauf mit Traurigkeit erfüllte. Beide Betenden saßen also melancholisch nebeneinander, und beide dachten dasselbe: Wie schlecht ist doch die Welt.

3. Kapitel

HEI RÄD'T EIN BÄTEN TAU VÄL
IST EIN POMMER IM WINTER SO DUMM WIE IM SOMMER?

Ein Pommer ist im Winter so dumm wie im Sommer. Nur im Frühjahr, da ist er etwas klüger.

POMMERSCHE SELBSTEINSCHÄTZUNG

Ob ein Pommer von besonderer Intelligenz ist, wurde bisher nicht nachgewiesen, auch nicht, daß ein Pommer im Winter genauso dumm ist wie im Sommer. Fraglich bleibt ebenfalls, ob er im Frühjahr etwas klüger ist als in den übrigen Jahreszeiten. Wenn daran etwas Wahres ist, dann ist diese mit den Jahreszeiten wechselnde Intelligenz eine besondere Eigenschaft der Pommern, die sie von allen anderen deutschen Stämmen abhebt.

Mein Großvater mütterlicherseits, dessen Vorfahren bis zum Dreißigjährigen Krieg ausschließlich Pommern waren, schloß jene Möglichkeit, daß die Pommern im Winter so dumm sind wie im Sommer, keineswegs aus.

«Glöv mi, min Jung, dat hätt schon sin Bewandtnis.»

Ärgerte er sich über seine pommerschen Mitbürger, so sagte er:

«Dei dömlichen Pommern. Dei lopen ook mit jeden Schietdreck mit.»

Kam der Frühling, so hatten wir Kinder jenen Spruch über die Winter- und Sommerdummheit der Pommern immer zur Hand und sagten ihn im monotonen Singsang auf. Da sich «klüger» schlecht auf Frühjahr reimte, sagten wir «klüga», und der Spruch hieß dann:

«Ein Pommer ist im Winter so dumm wie im Sommer. Nur im Frühjahr, da ist er etwas klüga.»

Als ich meine Mutter einmal fragte, warum denn der Pommer ausgerechnet im Frühjahr klüger sei, bekam ich zur Antwort:

«Jo, jo, min Jung, dei Mai is nu einmol dei Wonnemonat.»

Was die Wonnen des Monats Mai mit der zu dieser Jahreszeit aufbrechenden Klugheit der Pommern zu tun haben sollten, wurde mir natürlich nicht klar, aber heute darf man vielleicht sagen: pommerscher Sex und pommersche Klugheit schossen im Monat Mai, sich gegenseitig hochtreibend, in den blau-weißen Pommernhimmel. Es kann sein, daß dieser Monat Gelegenheiten bot, die im Winter in Pommern nicht vorhanden waren: die Wiesen fett, die Wälder grün, die Nächte lind.

«Lind», sagte meine Mutter, «was für linde Nächte», und dann sagte sie noch: «Na, das wird im Winter ja wieder einen Haufen Gören geben.»

Sie behielt fast immer recht. Aber auch dies erklärt noch nicht das frühlingshafte Klüger-Sein. Es muß einen Zusammenhang geben, der weit in die pommersche Geschichte zurückreicht. Wie es aber auch immer sein mag, dieser Satz bleibt unverständlich.

Vielleicht war es so, daß die Pommern nur im Frühling etwas Zeit hatten, über sich selbst und die Welt nachzudenken. Nach dem langen Winterschlaf unter Schnee und Eis und vor der harten Sommerarbeit auf dem Meer, den Feldern und den Äckern gab es vielleicht ein paar fröhliche, glückliche und nachdenkliche Tage. Möglich, daß sie dann der Umwelt oder sich selbst etwas klüger erschienen.

Was aber die sprichwörtliche Dummheit betrifft, so gibt es nur eine Erklärung dafür. Pommern, immer wieder zerstört, gebrandschatzt, drangsaliert, blieb jahrhundertelang hinter der allgemeinen Entwicklung in Deutschland zurück. Nicht von ungefähr sprach Friedrich der Große von dem niedrigen Bildungsstand der Pommern. Er wußte in diesem Fall, was er sagte. Trotzdem möchte ich der Annahme, daß der Pommer dumm sei, ob im Sommer oder im Winter, hier mit aller Entschiedenheit entgegentreten. Er ist entweder dumm, und dann ist er in allen Jahreszeiten gleich dumm, oder er ist intelligent, und dann ist er es immer, ob im Frühling oder im Winter.

Die Skala der Intelligenz ist auch in Pommern breit gefächert, und wer glaubt, er könne einen Pommern für dumm verkaufen, kann dabei gewaltig hereinfallen.

Sehr agil sind sie nicht. Das ist richtig. Ein agiler Mensch muß es sich in Pommern gefallen lassen, als «Bruder Leichtfuß» eingestuft zu werden.

Ich selbst habe eine Menge kluger wie dummer Pommern gekannt. Es ist nicht leicht, sie zu unterscheiden. In Pommern gibt man sich nicht klug, auch wenn man es ist. Klug darf man sein, aber es dem anderen, dem vielleicht Dümmeren, «aufs Butterbrot schmieren», ist verpönt. Das gilt schon

fast wieder als Dummheit. Ein dummer Pommer spielt zum Beispiel oft besser Skat als ein intelligenter.

«Hei spält Skat as dei Düwel», sagt man von ihm, läßt aber zur gleichen Zeit durchblicken, daß jener Skatspieler sonst ein bißchen «dömlich» ist. Im übrigen ist man großzügig gegenüber jeder Art von Dummheit. Ein guter Skatspieler ist ein guter Skatspieler, daß er nebenbei kaum schreiben kann, spielt keine Rolle.

Klug sein ist also keine Auszeichnung, so wie dumm sein noch keinen Mangel bedeutet. Ein dummer Pommer spricht zum Beispiel meistens mehr als ein kluger. Er kann es sich leisten. Er gerät nicht in den Verdacht, mehr sein zu wollen, als er ist. Von ihm sagt man höchstens: «Hei räd't ein bäten tau väl.»

Ein kluger Pommer hingegen hält sich wortkarg zurück. Er spricht nicht mehr, als unbedingt notwendig ist. Das hat seinen Grund. Spricht er

zuviel, so gerät er in Gefahr, als Klugschieter bezeichnet zu werden. Ein «Klaugschieter» ist für die Pommern etwa das, was für bayrische oder rheinländische Konservative ein Intellektueller ist, also ein Mann, der zwar «klaug schieten» kann, aber sonst nichts Rechtes im Leben zuwege bringt.

Die Pommern lieben Leute, die schön reden können. Unter «schön reden» versteht man eine Rede, die dem Gemüt angepaßt ist, ohne sentimental zu werden. Hat eine solche Rede auch noch Humor und geht gewissen Zweideutigkeiten nicht aus dem Weg, so hat der Redner seine Zuhörer gewonnen. Wenn aber jemand allzu klug daherredet, werden die Pommern sehr skeptisch. «Wat räd't hei bloß tausammen», sagen sie dann. Dies gilt für allgemeine Festredner, aber es gilt auch für beamtete Personen und vor allen Dingen für Geistliche. Von einem Pastor, der etwa bei einer Taufe allzu lange spricht, den «heiligen Geist» immer wieder «ut dei Tasch treckt» und es nicht lassen kann, mit der halben biblischen Geschichte die Zuhörer zu langweilen, sagen sie: «Für das bißchen Wasser soviel Worte» oder plattdeutsch: «Hei sappert tau väl.»

Eine landläufige pommersche Rede sieht etwa folgendermaßen aus:

«Freunde, nun ist es mal wieder soweit. Ja, und was ich noch sagen wollte. Meine Zweitälteste ist nun dran. Aber das wißt ihr ja. Sie ist nun dran. Und weil sie nun dran ist? Ja, das wollte ich sagen. Deswegen sollte ich sie

auch gehen lassen. Denn das Leben zu zweit – aber das wißt ihr ja – ist das Schönste. Aber es hat auch seine Mucken. Und was für Mucken. Na, das wißt ihr ja. Und nun ist meine Zweitälteste dran. Die Älteste ist schon weg. Und die Drittälteste kommt auch noch dran. Und so haben wir heute einen Hochzeitstag, wie er schöner gar nicht sein kann ...»

Pommern hören gemeinhin mit ihren Reden rechtzeitig auf, vielleicht, weil sie überzeugt sind, daß jede Art von Rede überflüssig ist. Manche von ihnen fangen erst gar nicht an oder sprechen schon nach dem ersten Satz nicht weiter, sondern sehen mit hochrotem Kopf irgendwohin in die Luft, als sei dort jemand, der ihnen weiterhelfen könnte.

Ich habe einmal einen jungen Drogisten erlebt, der eine Rede vor einem Jugendverein halten sollte. Stolz und, wie die Herumstehenden sagten, «geschniegelt» bestieg er das Podium unter hellgrünen Buchenbäumen.

Dort stand er und stand und stand, und als er dort oben genügend lange gestanden hatte, rief jemand:

«Otto, komm runter. Du hast ja doch alles vergessen.»

«Ja», sagte Otto, und dies blieb das einzige Wort, das ich während dieser Rede von ihm gehört habe.

Nicht viel besser erging es einem freiwilligen Feuerwehrhauptmann auf einem Vereinsfest zu Ehren des Kaisers. Besagter Feuerwehrhauptmann sollte eine Rede auf Kaiser Wilhelm halten. Er begann: «Unser Kaiser», und wußte schon nicht weiter. Irritiert sah er in den Saal und rief: «Fritz, jetzt rede du weiter», und der so aufgeforderte Fritz rief: «Er lebe hoch», und damit war auch diese Rede beendet.

In solchen Reden lebt – ich gebe es zu – auch in der Kürze nicht die Würze, höchstens eine untergründige Unlust, sich öffentlich darzustellen. Eines aber steht gewiß fest. Sollte einmal in Pommern (jetzt nur noch Vorpommern oder Ostmecklenburg) aller Tage Frühling sein, so werden die Pommern alle Schwaben, Rheinländer, Bayern und so fort an Klugheit und Agilität bei weitem übertreffen, denn «nur im Frühjahr, da ist er etwas klüga».

4. Kapitel

DA HABE ICH ABER FERSENGELD GEGEBEN ÜBER DIE KNOCHEN EINES POMMERSCHEN GRENADIERS

Am Persanten-Ufer
Steht ein altes Haus.
Drinnen sind so viele,
Können nicht heraus.
Tut man sie denn fragen
Nach des Hauses Namen,
Rufen sie heraus:
‹Vater Philipps› Haus.

LIED POMMERSCHER GRENADIERE
ÜBER DAS MILITÄRGEFÄNGNIS
IN KOLBERG

Pommersche Grenadiere müssen etwas Besonderes gewesen sein. Sie sind so berühmt wie die pommerschen Gänse oder die pommerschen Heringe. Wie die Gänse und Heringe gab es sie anscheinend ziemlich zahlreich. Sie werden oft rühmend erwähnt. Natürlich hinkt der Vergleich. Eine Gans bleibt eine Gans, und ein Hering ein Hering, der pommersche Grenadier aber war ein Mensch. Ob er für alle, die ihn marschieren ließen, ein Mensch war, wage ich zu bezweifeln. Es gibt Aussprüche, die diesen Zweifel rechtfertigen. Ich glaube, es war Bismarck, es kann aber auch Blücher, Moltke, Kaiser Wilhelm oder Friedrich der Große gewesen sein, der gesagt haben soll, daß ihm dieses oder jenes nicht einmal die Knochen eines pommerschen Grenadiers wert sei. Ich weiß nicht, wie der Satz genau heißt, aber er könnte heißen:

«Dieses Kaff ist mir nicht einmal die Knochen eines pommerschen Grenadiers wert.»

Statt Kaff kann man auch den Namen einer Stadt, eines Dorfes, einer Grenze oder auch eines ganzen Landes setzen. Sehr viel kann es nicht gewesen sein, denn die Knochen eines pommerschen Grenadiers standen nach diesem Ausspruch nicht sehr hoch im Kurs. Das ergibt sich aus dem «nicht einmal» und auch aus «den Knochen». Knochen sind bekanntlich ein Abfallprodukt. Warum nicht das Herz eines pommerschen Grenadiers? Oder hatten die Knochen eines pommerschen Grenadiers eine besondere Bedeutung in der Militärgeschichte? Waren es überaus wertvolle Knochen? Oder waren es nur Knochen, die man einfach so aufs Schlachtfeld warf?

Zuerst eine Richtigstellung. Pommersche Knochen unterscheiden sich nicht von den Knochen anderer Deutschen. Es kann sein, daß ein Pommer etwas knochiger ist als etwa ein Rheinländer, aber es kann auch sein, daß ein Bayer sehr viel knochiger ist als ein Pommer. Genau läßt sich das nicht sagen. Wir besitzen zwar eine Stilgeschichte, aber noch keine Knochengeschichte deutscher Stämme. Im allgemeinen darf ich nach meinen Beobachtungen sagen: Ein Pommer ist weder besonders feinknochig noch besonders starkknochig.

Leichter ließe sich über seinen Kopf, über sein Herz und vor allen Dingen über seinen Magen reden, denn der Pommer besitzt einen starken Magen. Aber jener Heerführer, Staatsmann oder sonst wer sprach von pommerschen Knochen.

Außerdem waren nicht alle Pommern Grenadiere. Es gab jedenfalls zur Zeit der Preußen und der letzten deutschen Kaiser auch Ulanen, Dragoner, Kürassiere, Husaren. Ich habe sie noch reiten sehen auf ihren pommerschen Gäulen, schwarzweiße und blau-weiße Wimpel an ihren Lanzen. Es besteht gar kein Zweifel, daß jene, die auf den Gäulen saßen, Pommern waren. Sie standen in irgendwelchen pommerschen Garnisonen, in Schwedt, Altdamm, Prenzlau, Pasewalk. Warum sie dort immer standen, habe ich als Kind nie begriffen. Aber wahrscheinlich gab es in diesen Garnisonen infolge der pommerschen Kargheit nur wenig Sitzgelegenheiten. Auf jeden Fall, wie auch immer, stehend, sitzend oder liegend, waren es Pommern.

Hätte also jener General oder Staatsmann gesagt:

«Dieses Kaff ist mir nicht einmal die Knochen eines pommerschen Ulanen wert», so hätte das schon besser geklungen. Doch auch darin ist noch eine gewisse Abwertung festzustellen. Ob Ulan oder Grenadier, das «nicht einmal» oder «gerade noch» zeugt von Zweifel an den soldatischen Tugenden eines Pommern. Es hätte ja auch heißen können: «Dieses Kaff ist mir gerade noch die Knochen eines pommerschen Grenadiers wert.»

Die Frage taucht auf, ist der Pommer ein guter, ein mittelmäßiger, ein schlechter oder ein gerade noch als Kanonenfutter zu gebrauchender Soldat? Oder ist er – dreht man jenen Ausspruch herum und gibt ihm einen anderen Sinn – vielmehr der Maßstab aller soldatischen Ziele, indem nämlich etwas nicht genommen wird, was den Knochen eines Pommern nicht gleichwertig ist?

Es ist bekannt, daß Friedrich der Große die soldatischen Tugenden «seiner» Pommern oft gelobt hat. Er hatte da ein scharfes Auge. Aber ein ganz unverdächtiger Zeuge ist er trotzdem nicht. Er brauchte die Pommern. Unter ihm traten die Pommern sozusagen in die Militärgeschichte ein. Was konnte ein pommerscher Adliger Besseres tun, als «in des Königs Dienste zu treten». Immer nur auf Jagd gehen, über die Stoppelfelder reiten und Leibeigene beaufsichtigen war auf die Dauer vielleicht doch etwas langweilig. Außerdem saß diesen Adligen ein gewisses Abenteurertum von ihren Vorfahren her – Goten, Wenden, Niedersachsen, Ordensritter und so fort – wenn nicht im Blut, so doch im Nacken. Man kann statt Abenteurertum auch Heldenmut sagen, oder besser, entsprechend jenen Zeiten: Sehnsucht nach Heldentaten. Das ist verständlich.

Was aber war mit der Masse der pommerschen Grenadiere? Eilten auch sie zu den Fahnen des Königs der voraussehbaren Heldentaten wegen? Oder waren sie nur gezogene Soldaten, deren Tapferkeit um so mehr gelobt wurde, je schwerer ihr Los war?

Des Königs Wort: «Kerls, wollt ihr denn ewig leben?» galt auch für die Pommern. Hätten sie im Chor darauf antworten können, so wäre die Antwort vielleicht gewesen: «Jawoll, Majestät, wir wollen es.» Das aber war ihnen nicht vergönnt.

Auch ich war ein pommerscher Grenadier, und aus meinen Erfahrungen im Zweiten Weltkrieg, etwa in der Schlacht bei Cassino, kann ich nur sagen, auch die pommerschen Grenadiere ziehen das Leben bei weitem dem Sterben vor. Ich kann mir nicht vorstellen, daß das zu jener Zeit so ganz und gar anders gewesen sein soll.

Im allgemeinen wird behauptet, der Pommer sei – ähnlich den Engländern – ein großartiger Verteidigungssoldat. Ein Mann also mit großem Beharrungsvermögen. Wo er steht, da steht er. Oder, wo ein Pommer steht, da wächst kein Gras mehr.

Auch dies, so scheint mir, ist eine Legende. Ich habe schon sehr viele Pommern sehr schnell laufen sehen. Alle meine Verwandten und Bekannten im Ersten wie im Zweiten Weltkrieg hielten mehr vom Zurück als vom

Voran. Ihr häufigster Ausspruch war:

«Mensch, da habe ich aber Fersengeld gegeben.»

Natürlich zogen auch sie im August 1914 aus, um aller Welt, wie man damals sagte, «den Hintern zu versohlen». Als das mit der Versohlerei zu schwierig wurde, saßen sie lieber in «Vater Philipps Haus» als an der Front. Im Zweiten Weltkrieg aber gab es nur noch lange Gesichter. Von «pommerscher Tapferkeit» sprach niemand mehr. Auf kriegerische Erfahrungen ist wohl auch der Spruch zurückzuführen, den ich in Pommern oft gehört habe: «Ausreißen ist zwar eine Schande, aber es bringt Lindernisse.»

Ich will damit nicht sagen, daß die Pommern nicht tapfer waren, aber auch sie liefen davon, wenn es ihnen zu bunt wurde. Auf jeden Fall waren die großen deutschen Helden keine Pommern. Einen pommerschen Siegfried gibt es nicht. Gunther, Hagen, und wie die «Schlagetots» alle heißen, waren, von Pommern aus gesehen, Rheinländer. Das verbindet die blauweißen Deutschen wiederum mit den weiß-blauen. Auch die bayrische Geschichte ist arm an solchen Helden.

Ich meine – ich weiß es nicht genau –, der einzige Held, den wir hervorgebracht haben, war ein Pionier, der im Krieg mit den Dänen 1864 sich selbst mit einem Stück der Düppeler Schanze in die Luft sprengte. Seinen Namen haben die meisten Deutschen längst vergessen, während sie ihren rheinischen Siegfried immer noch besingen. Es gibt natürlich ein paar friderizianische pommersche Generäle, deren Namen man nennen kann. Es gibt später den Gneisenau und den Husarenmajor Schill. Aber Gneisenau war österreichischer Herkunft, und Schill war ein Sachse. Es bleibt uns Joachim Nettelbeck, der Verteidiger von Kolberg. Er, der ehemalige Sklavenhändler, Seemann und Bierbrauer, war widerstandsfähig wie viele pommersche Zivilisten, aber – und das sei hier ausdrücklich festgestellt – ein pommerscher Grenadier war er nicht.

Ihre Städte haben die Pommern immer mit großer Zähigkeit verteidigt. Das galt für Stralsund gegen Wallenstein und für Kolberg gegen Napoleon. Das hatte seinen Grund. Hier ging es nicht um die Gnade eines preußischen, schwedischen, dänischen oder sonst eines Königs, sondern um das ganz eigene pommersche Eigentum. Und sich etwas «wegnehmen lassen», das mochten die Pommern nicht.

Bei dem Namen Nettelbeck fällt mir dennoch eine traurige und vielleicht symbolträchtige Geschichte ein. 1956 war ich in Kolberg, eine bis auf die Grundmauern zerstörte Stadt, in der es auch jene Militärstrafanstalt nicht mehr gab, die ehemalige pommersche Grenadiere als das «Haus des Vaters Philipp» bezeichnet hatten. In der berühmten Marienkirche grasten Ziegen, und als ich um die zerschossene Kirche herumlief, fand ich Gneisenau und Nettelbeck. Sie lagen, immer noch händeschüttelnd – ein zerschlagenes Denkmal –, im halbhohen Gras, mit angeschossenen Nasen, auf dem Rücken, ziegenköttelverschmutzt, hundertfünfzig Jahre nach ihrer Verteidigung dieser Stadt.

5. Kapitel

DIE UNTERSCHWEDEN UND DIE WESTKALMÜCKEN IST EIN VORPOMMER GLEICH EINEM HINTERPOMMERN UND UMGEKEHRT?

Daß die Bewohnerschaft allem Spießbürgertum so durchaus fremd war, hatte sicher in manchem seinen Grund, vorwiegend aber wohl darin, daß die gesamte Bevölkerung von ausgesprochen internationalem Charakter war. In den umliegenden großen und reichen Dörfern wohnten vielleicht noch wendisch-pommersche Autochthonen aus den Tagen von Julin und Vineta her; in Swinemünde selbst aber, zumal in der Oberschicht der Bewohnerschaft, war alles derart durcheinandergewürfelt, daß man den Repräsentanten aller nordeuropäischen Völker daselbst begegnete, Schweden, Dänen, Holländern, Schotten, die hier früher oder später hängengeblieben waren.

THEODOR FONTANE

In der Mitte des vorigen Jahrhunderts traf Fontane in Pommern auf eine Bevölkerung, der er einerseits bescheinigte, daß sie «tagaus, tagein unter Rum und Arrak steht», anderseits aber auch, daß sie «weit über das hinauswuchs, was man damals in den von engsten Philisteranschauungen beherrschten kleinen Städten der Binnenprovinzen, namentlich auch der Mark, anzutreffen pflegte». Fontane sprach von Swinemünde, «eine Stadt, die an der Odermündung, im Schnittpunkt zwischen Vor- und Hinterpommern liegt». In diesem Schnittpunkt traf man zu jener Zeit also weder Philistertum noch Spießbürgertum an, was auch zu meinen Tagen dort noch so war und also zu bestätigen ist. Es wird nicht überall so gewesen sein. Nicht nur die pommerschen Städte haben oft eine ganz unterschiedliche geschichtliche Entwicklung durchgemacht, sondern auch Vor- und Hinterpommern. Was im Schnittpunkt an der Odermündung möglich war, dürfte also nicht für jede Stadt in Pommern und nicht für alle Pommern gelten.

Nennen wir hier die einen, die Vorpommern, die Unterschweden, und die anderen, die Hinterpommern, die Westkalmücken, beides Bezeichnungen, die nicht von mir stammen und die hier auch nur des Spaßes wegen benutzt werden. Ich will damit nicht sagen, daß die Vorpommern moderne und der jeweiligen Zeit angepaßte Menschen waren, die Hinterpommern aber rückständig und dem Philistertum verhaftet blieben. Das wäre ungerecht. Aber es gibt Unterschiede. Die Vorpommern leben oder lebten bekanntlich westlich, die Hinterpommern aber östlich der Oder. Die Bezeichnung Vor- oder Hinter- ist in Deutschland einmalig. Es gibt keine Vor- und Hintersachsen, keine Vor- und Hinterschwaben und keine Vor- und Hinterbayern. Es gibt überall Hinterwäldler, aber dann wieder keine Vorwäldler. Es gibt Ober- und Niederbayern, und das ist leicht zu erklären. Die einen wohnen oben und die anderen unten.

Schwieriger ist es mit Vor- und Hinterpommern. Oben und unten gibt es da nicht. Die Pommern, alle miteinander, leben in der gleichen, nur von leichtem Hügelland durchzogenen Ebene. So konnte man sie nicht nach Oberpommern und Niederpommern auseinanderhalten. Wie aber kam man auf «Vor-» und «Hinter-»?

Das «Vorn» und «Hinten» hängt ja von dem jeweiligen Blickpunkt ab. Sehe ich es von Osten, so sind die Hinterpommern die Vorderen und die Vorpommern die Hinteren, und sehe ich es von Westen, so ist es umgekehrt. Jene also, die ganz Pommern in Vorn und Hinten einteilten, müssen es immer nur vom Westen her gesehen haben. Es sei denn, sie hätten eine ganz andere Begründung dafür gehabt: das Vorn als Vornstehende, das Hinten als Hintenstehende. Dann wäre das Vorn als Begünstigung, das Hinten aber als Degradierung anzusehen. Die Hinterpommern hätten dann, um es drastisch zu sagen, auf dem Hintern Pommerns gelebt, die anderen auf allem, was vorn ist, eine, und das muß man mir zugeben, unerträgliche Bevorzugung der einen und Zurücksetzung der anderen.

So ist es natürlich nicht. Doch sehen die Vorpommern in einer Art auf die Hinterpommern herab, die eine ähnliche Einschätzung zumindest bei den Vorpommern vermuten läßt. Ein Vorpommer – und es ist nun an der Zeit, es offen auszusprechen – hält sich für etwas Besseres als einen Hinterpommern. Spricht ein Vorpommer mit einem Hinterpommern, so kann er eine gewisse Form der Herablassung kaum vermeiden.

«Ach, da bist du her. Das soll ja auch eine ganz schöne Gegend sein. Aus Pyritz? Sieh mal einer an. Ja, kann man denn da leben?»

Nach ihrer Meinung sind sie, die Vorpommern, gegenüber den Hinterpommern geradezu von weltläufiger Natur. Ein Vorpommer ist nach dieser Selbsteinschätzung klug, ein Hinterpommer aber einfältig. Ein Vorpommer kennt die Welt, ist zur See gefahren, hat sich das Leben um die Ohren geschlagen, ein Hinterpommer ist nie aus seinem «Kaff» hinausgekommen. Ein Vorpommer geht nach vorn, der Zukunft entgegen, er hält etwas von der Vernunft, ist rationalistisch, fortschrittlich, ein Hinterpommer ist das Gegenteil davon. Er ist nach hinten gewandt, dem Boden verhaftet, irrational, ehrenwert natürlich, aber doch ein Mensch, der irgendwo da hinten lebt.

Ich weiß nicht, was die Hinterpommern von den Vorpommern sagen, kann es mir jedoch vorstellen. Viel Gutes wird auch daran nicht sein.

Wahrscheinlich halten sie die Vorpommern für großsprecherisch, leichtsinnig, fahrlässig und für wahre Ausgeburten von Prahlhänsen, was nicht ganz von der Hand zu weisen ist. Ein Hinterpommer, so könnten sie argumentieren, spricht sehr viel weniger als ein Vorpommer, aber, wenn er etwas sagt, so geht es «zu Fuß», ist festgefügt und der Wahrheit verhaftet.

Ich weiß auch nicht, was für Spitznamen die Hinterpommern für die Vorpommern haben, weiß aber, wie die Vorpommern früher die Hinterpommern nannten. Sie bezeichneten sie kurz als die «Gällfeutschen», was so viel heißt wie die «Gelbfüßigen». Als ich einmal meinen Vater um eine Erklärung bat, bekam ich die Antwort:

«Dat, min Jung, sind dei Lüd mit dei gällen Feut.»

«Aber warum haben sie gelbe Füße?»

«Dat weit ick ook nich. Över gäll sind sei. Dat kannst du mi glöben.»

Er war wohl der Meinung, daß die Hinterpommern noch keine Schuhe besaßen, dementsprechend mit nackten Füßen in ihrem lehmigen Boden herumwateten und so mit der Zeit alle gelbe Füße bekommen hatten. Natürlich ist auch das eine Legende. Wo immer ich später Hinterpommern traf, in Wehrmachtsunterkünften oder Gefangenenbaracken, habe ich mir ihre Füße unauffällig aber gründlich angesehen. Sie waren – und das sei hier ausdrücklich festgestellt – weiß wie die meinen.

Ich bin nur selten nach Hinterpommern gekommen, und als ich dann für ein paar Wochen hinkam, war es bereits zerstört, und die Hinterpommern waren nicht mehr da. Vorpommern fuhren nur selten nach Hinterpommern. Eine solche Fahrt war zwar nicht verpönt, aber man überschritt nicht oft die Oder ostwärts. Man fuhr westwärts, nach Greifswald, Berlin, Rostock. Dort, so glaubten die Vorpommern, sei die Welt der offenen Türen. Hinterpommern aber war für sie eine Welt mit sieben Siegeln, voll von ausgebeuteten Tagelöhnern und harschen, hoch zu Roß sitzenden Junkern. Tatsächlich habe auch ich auf meiner ersten Fahrt nach Hinterpommern vor verschlossenen Türen gestanden oder gesessen.

Ich hatte mich, noch nicht zweiundzwanzig Jahre alt, unseligerweise in die Tochter eines hinterpommerschen Gutsbesitzers verliebt. Weder die sozialen Unterschiede noch sonst etwas bedenkend, machte ich mich kurzentschlossen auf den Weg, um jenem Gutsbesitzer meine Aufwartung zu machen. Mein ältester Bruder hatte mir ein Paar weiße Handschuhe, mein zweitältester eine noch fast neue Krawatte und mein drittältester einen Hut geliehen, der damals von moderner Façon war. Also angetan, reiste ich mit der Eisenbahn und fuhr, als diese nicht mehr weiterging, mit der Droschke schließlich vor dem Gutshaus vor. Ein Diener meldete mich an, bat mich aber in der Droschke sitzenzubleiben, bis der gnädige Herr mich aufgefordert hätte, hereinzukommen. Ich wartete lange, den Geruch der beiden Droschkenpferde in der Nase und den Blick auf die Eingangstür des Gutshauses gewandt. Endlich kam der Diener wieder heraus und sagte, nunmehr plattdeutsch sprechend, kurz angebunden:

«Hei will di nich.»

Da ließ ich die Droschke wenden, wütend auf den Gutsbesitzer und entschlossen, von nun an alle Hinterpommern als Reaktionäre anzusehen. Enttäuscht kam ich zu Hause an, gab meinem ältesten Bruder die weißen Handschuhe, meinem zweitältesten seine fast neue Krawatte und meinem drittältesten seinen Façonhut zurück, weigerte mich aber, irgendeine Auskunft über mein mißglücktes Abenteuer zu geben.

«Was hat er denn gesagt, dein Gutsbesitzer?»

«Nichts.»

«Aber er muß doch irgend etwas gesagt haben?»

«Nichts hat er gesagt.»

«Warum bist du denn so schnell zurückgekommen?»

«Weil er nichts gesagt hat. Deswegen bin ich zurückgekommen.»

Da stand meine Familie um mich herum, und nur meine Mutter verstand, was geschehen war. Sie wischte das Gelächter mit einer Handbewegung vom Tisch fort und sagte:

«Nach Hinterpommern, da fährt man auch nicht.»

So sah es meine Mutter, die nie nach Hinterpommern gekommen war und zeit ihres Lebens in Vorpommern blieb.

Aber so einfach war es nicht. Wie diese Geschichte in der so verkürzten Form nicht ganz der Wahrheit entspricht, so ist es auch schwierig, den Unterschied zwischen einem Vor- und einem Hinterpommern in einer Kurzfassung darzustellen. Eines muß jedoch zur Vermeidung von Mißverständnissen gesagt werden: An Qualität, Originalität und was es sonst noch an «Pommerischem» gibt, steht keiner dem anderen nach, weder die Hinterpommern den Vorpommern noch die Vorpommern den Hinterpommern. Und auch dies sei noch gesagt: Hinterpommern war in Quadratkilometern gemessen auf jeden Fall größer als Vorpommern. Beide Pommern haben ganz verschiedene Entwicklungen durchgemacht. Schon bei den Goten wohnten zwei zwar miteinander verwandte, aber doch nicht gleiche Stämme in Vor- und Hinterpommern. Bei den Wenden war es nicht viel anders. Aber auch später war die Entwicklung nie einheitlich. Die Ordensritter tobten sich vorwiegend in Hinterpommern aus und ließen Vorpommern so gut wie ungeschoren. Die skandinavischen Eroberer hingegen hatten es mit den Vorpommern. Waren die Vorpommern dänisch, so waren die Hinterpommern gerade polnisch, waren die Hinterpommern brandenburgisch-preußisch, so waren die Vorpommern schwedisch. Das zieht sich fast durch die ganze pommersche Geschichte, soweit man von einer solchen sprechen kann. Die Vorpommern waren vom Dreißigjährigen Krieg bis 1815 schwedische Untertanen und deswegen nicht nur die südlichsten Schweden, sondern auch unter Schweden «Unterschweden», während etwa zur gleichen Zeit die Hinterpommern unter dem Zepter der brandenburgischen Kurfürsten standen, deswegen aber noch nicht – wie ich es hier getan habe – als «Westkalmücken» bezeichnet wurden.

Das hat erst, sehr viel später, Kurt Tucholsky getan. Es geschah aus politischer Verärgerung. Er sah nicht rot, sondern schwarz-weiß-rot, wenn er nach Hinterpommern blickte. Trotzdem: die Hinterpommern sind keine Westkalmücken. Die Kalmücken lebten in Filzzelten, was die Hinterpommern keineswegs taten. Die Hinterpommern beteten, wenn sie beteten, in gotischen Backsteinkirchen. Ihre Häuser waren fest in der Erde verankert. Die Kalmücken waren Nomaden. Die Hinterpommern aber saßen mit ihrem Hintern oder standen mit ihren beiden Beinen wie angewurzelt auf ihrem Lehm-Weizen- oder Kartoffelboden. Ihre Pferde waren nicht klein, sondern hoch und starkknochig. Sie waren nicht flink, eher langsam. Kein Hinterpommer – dafür kann ich mich verbürgen – hat jemals sein Fleisch unter dem Sattel seines Pferdes gar geritten. Das sollen, wie man sagt, auch die Kalmücken nicht getan haben, aber wenn sie schon nicht von ihrem Sattelfleisch lebten, so tranken sie doch die Milch ihrer Stuten. Auch das lag den Hinterpommern nicht. An Kühen hat es ihnen nie gemangelt.

Auch an Steppe fehlte es in ganz Hinterpommern. Die mag es bei den Goten und Wenden noch gegeben haben, unter den Hinterpommern der letzten drei Jahrhunderte gab es sie nicht mehr. Dafür waren die Hinterpommern zu fleißig. Sie ackerten alles um, bis auf die Findlinge oder Findelsteine, mit denen sie nichts anfangen konnten und die sie als Denkmäler aus grauer, nach ihrer Ansicht germanischer Vorzeit verehrten. Tatsächlich hatten die Gletscher der letzten Eiszeit sie zurückgelassen. Doch auch die Vorfahren der Pommern, die Goten, wußten schon nichts mit ihnen anzufangen, glaubten, irgendwelche Götter hätten sie dort hingeworfen, wo sie lagen, und gaben ihnen eine religiöse Bedeutung.

Die Hinterpommern sind also keine Westkalmücken, auch wenn diese Bezeichnung, was Tucholsky anscheinend nicht wußte, keineswegs eine Kränkung ist. Die Kalmücken waren ein hochintelligentes und kultiviertes Volk. Kalmückische Märchen sind die schönsten, die es gibt.

Nur eines haben die Hinterpommern dennoch mit den Kalmücken gemeinsam. Die Kalmücken wurden 1944/45 aus dem Gebiet, in dem sie lebten, ausgesiedelt. Ihre Kalmückische Autonome Sozialistische Sowjetrepublik wurde durch Stalin aufgelöst. Jetzt gibt es dort, wo sie lebten, keine Kalmücken mehr, so wie es in Hinterpommern keine Hinterpommern mehr gibt.

Aber auch das konnte Kurt Tucholsky damals – 1932 – noch nicht wissen, weder das eine noch das andere.

6. Kapitel

UND KEIN HERINGSSCHWANZ HAT JE WIEDER NACH IHM GEKRÄHT POMMERSCHER SEX

Manntje, Manntje, Timpe, Te,
Buttje, Buttje in der See,
Myne Fru de Isebill
Will nich so, as ik wol will.

AUS «VON DEM FISCHER UN SYNER FRU».
POMMERSCHES MÄRCHEN,
AUFGESCHRIEBEN VON PHILIPP OTTO RUNGE
IN WOLGAST FÜR DIE GEBRÜDER GRIMM

Auch in Pommern gibt es das, was man heute Sex nennt. Sonst gäbe es wohl die Pommern nicht mehr, oder schon lange nicht mehr. Amor heißt hier «Amur», und von jemandem, der dem Sex verfallen ist, sagt man: «Hei hätt so sine Amuren.» Im übrigen ist die Liebe natürlich eine Himmelsmacht, dies aber nur in besseren Kreisen und in der Kirche. Im allgemeinen hat man drastischere Ausdrücke dafür.

Sexuelle Frustrationen gab es in Pommern kaum. Vielleicht, weil es zuviel Äcker, zuviel Wiesen, zuviel Wälder, zuviel Strand, kurz zuviel Freiheit unter einem weiten Himmel gab, in der bekanntlich solche Frustrationen schlecht gedeihen können. Alles war selbstverständlich, begann frühzeitig und endete meistens mit einem Haufen Kinder, die ihrerseits dasselbe Spiel wieder frühzeitig begannen.

Natürlich waren die Männer ihren Frauen treu und die Frauen ihrerseits ihren Männern, aber kein Pommer wird bereit sein, für diese allgemeine Treue seine Hand ins Feuer zu legen. Ich jedenfalls bin es nicht.

Eine besondere Art pommerscher Liebe mag ihre Sprödigkeit sein. Der Satz «Ich liebe dich» geht einem Pommern nur schwer über die Lippen. Es klingt ihm zu sentimental, verspricht zuviel und legt ihn gleich für alle Ewigkeit fest. Handeln ist ihm auch in diesem Fall lieber als reden.

Ein pommerscher Liebesdialog kann sich etwa folgendermaßen anhören. Beide sitzen auf einer Bank im Wald, am Meer, oder sonstwo. Nehmen wir an, es ist Frühling, ein schöner Abend mit pommerschen Maikäfern, pommerschen quakenden Fröschen, mit ein paar duftenden Kastanienbäumen im Hintergrund und einem sanften Meeresrauschen im Vordergrund. Er wagt eine körperliche Berührung, die sie sich eine Weile gefallen läßt, bis sie den Liebesdialog eröffnet.

«Du, laß das sein.»

«Warum soll ich es denn sein lassen?»

«Weil du es sein lassen sollst.»
«Wenn ich es aber nicht sein lasse?»
«Dann knall ich dir eine.»
«Na, dann knall mir doch eine.»
«Nein, lieber nicht.»
Dann sitzen sie wieder eine Weile, hören den Maikäfern, den Fröschen und anderen abendlichen Frühlingsgeräuschen zu, und nach einer halben Stunde beginnt wieder dasselbe Spiel von vorn. Wieder läßt sie es sich eine Weile gefallen. Dann eröffnet sie den zweiten Liebesdialog.
«Ich habe dir doch gesagt, du sollst das sein lassen.»
«Ja, das hast du gesagt.»
«Warum läßt du es dann nicht sein?»
«Weil ich es nicht sein lassen will.»
«Wenn du es jetzt nicht sein läßt, dann knall ich dir aber doch eine.»
«Ja, dann knall mir doch eine.»
«Nein. Lieber nicht.»
Nach diesem zweiten Liebesdialog vergeht vielleicht wieder eine halbe Stunde. Die Frösche quaken schon nicht mehr, und die Maikäfer haben sich zurückgezogen. Er beginnt wieder mit der körperlichen Berührung,

und erst nach einer diesmal längeren Zeit des Gewährenlassens eröffnet sie den dritten Liebesdialog.

«Jetzt knall ich dir bestimmt eine.»

«Ja, warum tust du es denn nicht?»

«Ich weiß nicht.»

«Ja, wenn du es nicht weißt?»

«Vielleicht lieber nicht.»

So geht es fort, bis die Nacht hell und der Himmel rot wird. Wieviel Sätze von einem solchen Liebesdialog zum Schluß übrigbleiben, ist schwer zu sagen. Vielleicht nur der Satz «knall ich dir eine» und der andere «tu es doch», vielleicht aber auch nur ein Salat von Worten wie: «knall, tu, vielleicht, lieber, weiß, nicht.» Es ist aber auch durchaus möglich, daß er die Ohrfeige bekommt und sie dann sagt: «Ach, du lieber Gott», und er darauf antwortet: «Wenn du das noch einmal tust, dann kleb ich dir eine, daß dir Hören und Sehen vergeht.» Worauf sie wieder eine Weile schweigend nebeneinander sitzen, bis alles wieder von vorn beginnt.

Aus solchen oder ähnlichen Dialogen könnte man den Schluß ziehen, ein Pommer kommt nie zum Ziel. Vor den Toren der Verheißung bleibt er stehen oder ist gezwungen stehenzubleiben. Das ist falsch. Ein Pommer kommt immer zum Ziel. Er verläßt sich auf seine Zähigkeit, seine Geduld und auf seine Vitalität, und sie verläßt sich ebenfalls darauf. Kommst du heut nicht, kommst du morgen, denkt er, und sie denkt, er gibt es bestimmt nicht auf, laß ihn nur warten. Übermorgen aber oder über-übermorgen sitzt er bereits etwas gelangweilt auf der Bank und läßt sich umwerben, sagt unter Umständen: «Ach, weißt du, heute habe ich gar keine Lust» und antwortet auf ihren Einwurf: «Das sieht dir ähnlich. Erst den Verrückten spielen und dann nicht mehr mit mir reden», lakonisch: «Aber ich rede doch mit dir.»

Pommersche Liebe ist, wie gesagt, spröde. Sie bewegt sich im Schneckentempo auf ihr Ziel zu. Eifersucht gibt es wie überall. Aber selten schießt man seinen Nebenbuhler gleich über den Haufen. Eine Tracht Prügel ist schon drin. Aber früher, als es noch Prügel gab, bekam sie meistens das Mädchen und nicht der Nebenbuhler.

Was ist mit den pommerschen Mädchen? Sind sie tugendhaft, freigebig, schön? Lassen sie den lieben Gott einen guten Mann sein, wenn es um die Liebe geht? Sie sind, ich muß es hier sagen, nicht ganz so freigebig wie die Sächsinnen, aber auch nicht so zurückhaltend wie etwa die Hamburgerinnen. Sie nehmen nicht unbedingt, was sich ihnen anbietet, aber sie lassen, wie es meine Mutter nannte, auch nichts anbrennen. Ihre Zurückhaltung, ihre Sprödigkeit scheint mir eine Berechnung ihrer Natur zu sein, ist sozusagen intuitiv gegeben und geht unbewußt von dem Satz aus:

«Je länger er wartet, je besser wird er.»

Schön sind viele von ihnen, eine Schönheit, die schwer zu beschreiben ist. Es ist nicht das «nordische Blond», das sie auszeichnet. matte-

res ist ein matteres Blond, ein zärtliches, schmeichelndes, anheimelndes Blond, und wenn es auch vermessen klingt, möchte ich doch sagen: es ist das pommersche Blond. Das gibt es in allen Schattierungen, von der Gold- bis zur Kupfertönung, auch mit Kastanienbraun durchsetzt.

Die pommerschen Mädchen sind nicht, wie man oft annimmt, langbeinig, schlank, hager, sondern mehr von mittlerem Wuchs, mit engen Taillen, gut geformten Becken, ausgeprägten Brüsten, und wenn sie gehen, wippt alles so betont unbetont, daß einem Betrachter das Wasser im Mund zusammenlaufen kann. Nichts ist aufgetragen und nichts bietet sich an, und doch ist alles ein nicht zu übersehendes Angebot. «Komm nur her», sagt das Angebot, «aber laß dir nicht einfallen, frech zu werden.»

Das muß immer so gewesen sein. Schon Karl Friedrich Zelter berichtete dem Geheimrat Goethe am 22. August 1820 über dieses pommersche Angebot.

«Das Geschlecht ist kräftig, und wohl-, ja edelgebildete Frauengestalten aller Stände finden sich durch ganz Pommern. Auf dem Wege hierher kehrte ich in einem Haus ein, wo eine vierzigjährige Matrone mit zwölf Kindern zu Tische saß. Der Hausvater war eben aufgestanden, seine Pfeife zu stopfen; nie habe ich schönere Arme, Schenkel und Schultern gesehen als an diesem Weibe, die dabey ein so redliches Pommerisch sprach, daß mir die Ohren noch klingen. Das Land ist fruchtreich, und ich vergesse einmal wieder, daß ich, ein Berliner, andere loben muß.»

Ja, Zelter hat recht, und was die Berliner betrifft, so waren sie in dieser Hinsicht immer des Lobes voll. Kaum ließ sich der Sommer sehen, eilten sie an die pommersche Ostseeküste, nicht ohne Seitenblick auf die pommerschen Mädchen. Sie waren mehr als anfällig für dieses pommersche Angebot. Kniffen sie einem pommerschen Mädchen in den Hintern, so hatten sie das Gefühl, ganz Pommern liege zu ihren Füßen. Nun gibt es aber viele Berlinerinnen, die pommerschen Ursprungs sind, und insofern ist dieses Lob mit Zurückhaltung aufzunehmen.

Meine Großtante Drasdo war eine Berlinerin, die aus Pommern kam, und wenn ich an sie denke, muß ich dieses Lob der Schönheit sofort zurücknehmen. Aber auch meine Tante Lina war eine Berlinerin aus Pommern, und sie bot, was pommersche Frauen zu bieten haben. Sie ging so drastisch mit ihren Liebhabern um, daß «fast nichts davon übrigblieb».

Auch dics ist eine Eigenart pommerscher Frauen: sie können sehr drastisch sein. Haben sie den Berg der Zurückhaltung erst einmal übersprungen, dann haben wohl ihre Partner nicht mehr viel zu lachen. Davon können natürlich Männer anderer deutscher Stämme mehr berichten, Sachsen, Rheinländer oder Schwaben. Ihnen, so hat man mir gesagt, wurden oft die Knie weich, bevor sie sich wieder in ihre Gebiete absetzten.

«Nu kumm her, Mann.»

«Wat wist du schon werra von mi?»

«Wat süll ick schon von di wull'n. Dat will ick von di. Und nu kumm her und hev di nich so.»

Auch ein solcher Liebesdialog ist denkbar, später natürlich, lange nach jener streitbaren Mainacht. Auch dabei wird das redliche Pommerisch gesprochen, das Zelter erwähnt. Tatsächlich ist dieses pommersche Plattdeutsch so redlich, daß man nie umhin kommt, die Dinge genau zu bezeichnen. Das Wort «Ich liebe dich» gibt es in dieser Sprache höchst selten, oder es wird, jedenfalls in Vorpommern, kaum benutzt, dafür aber das Wort «Nu lech di henn».

Immer ist es notwendig zu sagen, was man will, wenn man sich dieser Sprache bedient. Ein pommerscher Troubadour ist demnach kaum vorstellbar, und doch hat auch Pommern seinen Minnesänger hervorgebracht. Er hieß Wizlaw III. von Rügen und soll zu seiner Zeit unter den nordischen Minnesängern als «einer der Erlesensten» gefeiert worden sein.

Das lyrische Lied «Kumm bi dei Nacht» ist wohl nicht in Pommern entstanden, aber es sagt, wie immer in der plattdeutschen Sprache, genau, was das Mädchen von dem so Aufgeforderten will.

«Kumm du um Middernacht, kumm du Klock een,
Vadder und Mudder slöppt, ick slaap alleen.
Klopp an de Kammerdör, fat an de Klink,
Vadder meent, Mudder meent, dat deiht de Wind.»

Es gibt hier also kein großes Drumrumgerede, wohl aber oft ein langes und anhaltendes Drumrumschweigen. Aus der Kargheit und somit aus der Redlichkeit dieser Sprache ist vielleicht das Drastische und Resolute pommerscher Frauen zu verstehen.

Bei der Zeugung wie bei der Geburt scheint mir der Mann immer in der

psychologisch schlechteren Situation zu sein. Geburten wurden früher ohne viel Federlesens erledigt. Noch eine meiner Großmütter gebar auf dem Acker beim Kartoffelhacken. Später gab es dann eine Hebamme, die auf einem alten Damenfahrrad, alt wie sie selbst, von Haus zu Haus fuhr. Schob sie ihr Damenrad irgendwo auf einen Hinterhof, so sagten wir, die Kinder: «Da kommt wieder einer.» Bei der Geburt selbst weinten meist die Männer, nicht die Frauen. Sie saßen dann im Vorzimmer vor der Tür der Gebärenden und ließen ihren Tränen freien Lauf, bis die Gebärende ärgerlich wurde und rief: «Wat roren dei schon werra. Dei söll'n uphüren tau roren. Ick will dat nich.»

Wie es den hinterpommerschen Gutsbesitzern ergangen ist, die jahrhundertelang das Recht der ersten Nacht für sich in Anspruch nehmen konnten, weiß ich nicht. Ich kann auch nicht bezeugen, ob sie das «jus primae noctis» wirklich ausgeübt haben. Aber man sagt es so. Auch dies ist vielleicht eine Legende. Die pommerschen Bauerntöchter, die in der Nacht vor der Brautnacht dem Gutsbesitzer übergeben werden mußten, sollen nie mehr so gewesen sein, wie es das Recht des Gutsbesitzers vorschrieb. Die Bauerntöchter vergaben vorher, was nur ihnen gehörte. Das soll im

Laufe der Jahrhunderte zu immer größeren Verdrießlichkeiten bei den Gutsbesitzern geführt haben, bis sie es schließlich aus lauter Mißvergnügen aufgaben. Ob das wirklich so war?

Wie gesagt, ich weiß es nicht. Wenn es aber so war, dann scheint mir ein gewisses Mitleid mit den damals so strapazierten Gutsbesitzern angebracht. Eine erfahrene pommersche Braut im Bett eines nicht zuständigen Herrn, das kann kein reines Vergnügen gewesen sein. Es wird vielleicht nicht gerade Ohrfeigen gegeben haben, aber einiges hat es dabei bestimmt gesetzt.

Wie es aber auch immer war, pommersche Sexualfrustrationen hat es wohl nie gegeben. Doch trau, schau, wem. Ein Diplom-Sexualpsychologe unserer Tage hätte vielleicht doch einiges herausgefunden, hier ein paar Hemmungen und dort ein paar Verklemmungen. Wahrscheinlicher aber ist, daß er bei seinen Untersuchungen für immer in irgendeinem pommerschen Bett verschwunden wäre. «Und», so hätten die Pommern gesagt, «kein Heringsschwanz hat je wieder nach ihm gekräht.» Warum gerade ein Heringsschwanz und kein Hahn? Nun, es ist ein pommersches Wort. Kein dritter Hahnenschrei hat jemals einen Pommern aus seinem Bett gerissen. Hätte aber ein Heringsschwanz zum viertenmal gekräht, so wäre ganz Pommern davon erwacht.

7. Kapitel

WAS WETTERT AUF DER HEID' HERUM? POMMERSCHE JUNKER WAREN KEINE PREUSSEN, ABER AUCH NICHT BESSER

«Auch die Junker in Pommern mit ihren alten teutonischen Idealen und Konventionen will ich hier nicht schildern. Ich lasse sie bei ihren Schlitten und Wolfshunden, bei ihren Biberpelzmützen und engen kurzen Jagdröcken, die mit Schafspelzen – die Lederseite nach außen, das Fell nach innen – gefüttert sind. Auch sie mögen sich im Alter dem Trost der Gemütlichkeit erschließen, doch sind sie nicht unter ihrem Zeichen geboren.»

HARALD NICOLSON

So sah der englische Schriftsteller Harold Nicolson die pommerschen Junker. Schlitten, Wolfshunde, Biberpelzmützen, und da sie immer nur Jagdröcke trugen, jagten sie wahrscheinlich Tag für Tag irgendwelchen Hirschen, Ebern oder Elchen nach. Gemütlichkeit gab es höchstens im Alter, und sie roch an verräucherten Kaminen wiederum nach dem edlen, einmal gehabten Waidwerk. Zwischendurch trieben sie, was Nicolson nicht erwähnt, auch Politik. Zwischen zwei Jagden schickten sie einen Leutnant mit zehn Mann in den Reichstag, ließen ihn, jedenfalls in ihren Reden, kurzerhand auflösen und hatten immer das heilige Donnerwetter auf den Lippen, wenn irgend jemand ihre Vorrechte antasten wollte.

Natürlich hat sie niemand angetastet, bis zu jenem Tag, an dem alle Vorrechte und mit ihnen auch die Rechte für immer verlorengingen. Selbst die Weimarer Republik war nicht junkerfeindlich. Als die Junker mehr und mehr verschuldeten – und wie sollten sie nicht verschulden –, versuchte sie, durch eine Art Osthilfe in der Form rückzahlbarer Darlehen zu helfen. Noch zu Beginn des «Dritten Reiches» gab es 367 Güter im Besitz pommerscher Junker.

Später, nach dem Zweiten Weltkrieg, wurden die Junker für alles verantwortlich gemacht, wofür sie nicht in jedem Fall verantwortlich waren. Sie waren an allem schuld, hatten Hindenburg bedrängt oder hintergangen und Hitler in den Sattel gehoben, hatten den Krieg mit angezettelt und ihn verloren. Richtig ist, daß diese Junker nie aus ihrer Leutnantsmentalität herauskamen. Ein Leutnant war eben ein Leutnant, und jeder Reichstagsabgeordnete war ein kleiner Dreck dagegen. Wo nicht marschiert wurde, war keine Ordnung, und wo nicht gejagt wurde, war das Leben nicht mehr viel wert. Was jenseits des Pferdestalls, des Jagdhochsitzes oder des Leutnantspatents lag, war auf jeden Fall verdächtig oder zumindest mit Vorsicht zu betrachten. Liberalität erschien ihnen als eine Untergrabung von Zucht und Ordnung, und Zucht mußte sein, wenn es auch Aufzucht hieß. Das kannten sie von ihren Viehställen, von ihren Tagelöhnern und von ihren ihnen untertanen Bauern.

Im übrigen waren sie hartschädelig, widerborstig, bockbeinig, und nicht in jedem Fall nahmen sie Befehle an, auch dann nicht, wenn es um das so liebgewordene Marschieren ging. Selbst die preußischen Staatsmänner hatten es nicht immer leicht mit ihnen.

Als der Graf Schwerin seine Dragoner bei Stargard Friedrich dem Großen vorführen sollte, ritten diese so durcheinander, daß von einem Exerzierreglement nicht mehr die Rede sein konnte. Um ein Haar hätten die attackierenden Dragoner Friedrich den Großen selbst über den Haufen geritten, was diesem nicht sonderlich gefiel. Mit solchen Dragonern, so sagte er sich, kann man nicht die Schlesischen Kriege gewinnen, was er aber für sein gutes Recht hielt. Also schrie er Schwerin an:

«Das is ein ganz versoffenes Regiment; das seind lauter Süpers.»

Da jagte Schwerin seinen Säbel in die Scheide und schrie zurück:

«En Hundsfott, wer em nochmol vör sone Süpers treckt.»

Dann setzte er seinen Gaul in Bewegung und ritt davon, und alle pommerschen Johanns, Karls, Willems ritten hinter ihm her, jeder mit einem

abfälligen Blick zu dem König hinüber, der den davonreitenden Pommern verdutzt nachsah.

Von jenem Tag an, so sagt die Legende, ritt Schwerin seinen Dragonern bei jeder Attacke nicht mehr mit geschwungenem Säbel, sondern mit erhobener Reitgerte voran.

Friedrich der Große rächte sich sehr viel später mit einem Wort, dem solche und andere Erfahrungen mit den Pommern zugrunde gelegen haben können.

«Die Pommern», so schrieb er, «haben einen geraden und schlichten Sinn. Unter den Untertanen aller Provinzen eignen sie sich am besten für den Kriegsdienst wie für alle anderen Ämter. Nur mit diplomatischen Verhandlungen möchte ich sie nicht betrauen, weil ihr Freimut nicht für

Geschäfte paßt, bei denen man der Schlauheit mit der Schläue begegnen muß.»

Mit Sicherheit ist anzunehmen, daß Friedrich der Große mit diesem Wort zwar die Pommern schlechthin, aber doch nicht jene pommerschen Johanns und Karls gemeint hat, die in den Schlesischen Kriegen lahm und krumm geschossen wurden. Gemeint waren die privilegierten pommerschen Junker.

Sie haben wohl tatsächlich kein besonderes Talent für den diplomatischen Dienst besessen. Es war nicht ihre Sache, Schlauheit mit Schläue zu schlagen. Sie schlugen lieber mit dem zu, was man damals den «Pallasch» nannte. Die Flinte war ihnen immer näher als das überredende Wort, und jemandem, einem Wilddieb, Fischräuber oder nicht parierenden Tagelöhner, eine Ladung Schrot in den Hintern zu jagen, war zwar nicht, wie feindselige Kritiker dieser Junker annehmen, ein beliebter Sport, aber auch nichts Besonderes.

So finden wir sie auch weniger im diplomatischen Dienst, um so mehr aber auf den jeweiligen deutsch-preußischen Schlachtfeldern. Es spricht aber für ihre Widerborstigkeit und Dickköpfigkeit, daß einige von ihnen sich mit gegen Hitler erhoben, als sich zeigte, wie wenig dieser mit dem siegreichen Friedrich dem Großen gemein hatte. Zumindest war einer jener Schwerins dabei, die es so zahlreich gibt, wobei ich nicht weiß, ob dieser ein Pommer war. Jener aber, der sich nicht scheute, seine besoffenen pommerschen Dragoner vor seinem König exerzieren zu lassen, war ein Pommer. Er wurde in Löwitz in Pommern geboren und fiel als Generalfeldmarschall 1757 vor Prag.

Was hier von Friedrich dem Großen noch als Freimut bezeichnet wurde, entwickelte sich später zu reaktionärem Starrsinn. Man war deutschnational, kämpfte mit dem Visier nach hinten, wollte seinen Kaiser wiederhaben und ließ die Demokratie tanzen. Ein Beispiel für diesen reaktionären Starrsinn war der alte Januschauer, der bei jeder Gelegenheit den Reichstag auflöste, und dies natürlich, wie schon gesagt, mit einem Leutnant und zehn Mann. «Vox populi, vox Rindvieh» war seine Devise, und als er Ende der zwanziger Jahre mit seinen Gütern Nutznießer der sogenannten Osthilfeentschuldung werden wollte, rief er aus: «Da sprach der alte Pelikan, nun, Kinder, laßt mich auch mal ran.» Er ist heute in keinem Lexikon mehr verzeichnet, und insofern kann ich auch wenig über ihn berichten. Ich erinnere mich nur, daß mein Vater ihn nicht mochte und deshalb ihm auch alles Schlechte wünschte.

«Den'n ullen Januschauer, den'n söll'n sei man mol dei Hosen langtrekken. Dei hätt dat verdeint.»

Aber das war aus der Sicht eines pommerschen Fischers nach oben hinauf gesprochen, zu dem Sattel hinauf, in dem zu jener Zeit noch der Januschauer oder die Januschauers saßen.

Im Sattel waren sie immer zu Hause, und man wird ihre Entwicklung vom Freimut bis zu diesem Starrsinn sofort verstehen, wenn man das nachfolgende Gedicht liest. In ihm schlagen sich noch die mecklenburgischen und die pommerschen Junker. Es geht dabei nicht glatt und fein, sondern kernig zu. Auch ein Graf Schwerin ist selbstverständlich schon auf pommerscher Seite dabei. Er schimpft nicht, er wettert. Was sollte er angesichts der verworrenen Lage auf der pommerschen Heide auch weiter tun als «wettern». Das Gedicht heißt «Johann von Gützkow» und ist geschrieben von einem Stettiner, der seinerzeit, noch zu Kaiser Wilhelms Zeiten, kein unbekannter pommerscher Dichter war.

Grüngeschmückte Gänge
Führen in das Schloß,
Und im Festgepränge
Naht manch Rittertroß.
Turmher schallt Geläute,
Lärmend das Gelag:
Graf Johann hält heute
Seinen Hochzeitstag.
Flitter und Prachtgeschmeide
Sind an der Tafel fremd,
Heimlich nur unterm Kleide
Klirrt das Kettenhemd;
Denn die Peene-Ufer
Heißen Krieg und Not,
Sind vom Schlachtenrufer
Tod allzeit umdroht.
Keine Silbenfechter
Witzeln glatt und fein,
Späße und Gelächter
Schallen kernig drein.
Wüstes Trinken und Schlemmen.
Und der Gützkower lacht:
Kaiser und Kurfürst bei Kremmen –
Aber unser die Schlacht.
«Hui! war das ein Jagen»,
Wettert Graf Schwerin,
«Als Klaus Hahne geschlagen
Heimwärts mußte fliehn.
Und der Greif vom Walde
Mit gewaltgem Biß
Auf der Loitzer Halde
Ihm den Kamm zerriß.»
Plötzlich – auf Treppen und Gängen
Stolpert und poltert es schwer,

Schwillt es wie angstvolles Drängen
Dumpfer Stimmen daher.
Türgekrach. Ins Zimmer
Taumelnd ein Bote sich keilt:
«Rettet!» Ein roter Schimmer
Ruft von Loitz her: Eilt!
Stürzende Kannen und Becher,
Wein am Boden wie Blut,
Und das Auge der Zecher
Flammend in freudiger Wut.
«Lockert der Degenscheide
Schlummernden Funkenschlag!
Vorwärts – zum Tanz auf der Heide!
Heute ist Hochzeitstag!»

Still der Wald, als schlief er.
Plötzlich knickt und knackt
Heißa! durch Tann und Kiefer
Rasselnder Reitertakt.
Drüben – Staubgewitter,
Huftanz, Helmgeleucht:
Mecklenburgischer Ritter
Stürmischer Kampflaut keucht.
Sausende Klingen singen
Eine Melodei,
Daß beim schaurigen Schwingen
Springen die Bogen entzwei,
Daß vom schäumenden Berber
Sinkt manch Reiter ins Kraut:
Rascher Tod ist der Werber,
Heiße Jugend die Braut.
Graf Johann läßt sein helles
Rachehungriges Schwert,
Läßt sein Roß, sein schnelles,
Tanzen für Weib und Herd,
Eilt von der Kampfgemeinde
Seiner Freunde weitab –
Und die Hufe der Feinde
Wühlen ein Reitergrab.
Schrecken fesselt die Glieder.
Aber wie ein Orkan
Brechen sie dann hernieder
In die Lanzenbahn.
Sieg! – Zwei Rosse tragen

Eines Landes Glück.
Sieg! – Und wie geschlagen
Ziehn die Sieger zurück.
Nacht! – Zur Totenfeier
Blaßt der Hochzeitsglanz.
Aus zerrissenem Schleier
Nimmt die Gräfin den Kranz,
Drückt die Myrten, die grünen,
Mit entsagendem Sinn
Auf die Stirn des kühnen
Helden als Kampfgewinn.

Man sieht: sie liebten und sie schlugen sich. Auch Pommern hat seine alten Heldengeschlechter, nur sind sie nie über Pommerns Grenze hinaus bekannt geworden. Kein Baß oder Bariton muß heute die Stimme des «Gützkowers» auf einer Bühne singen. Von Bayreuth ganz zu schweigen.

Aus solchem alten «Schrot und Korn» entstanden die pommerschen Junker. Sie ließen ihr Schwert auf der grünen Heide gegen die Mecklenburger tanzen, dienten den preußischen Königen, wiederum mit dem Schwert, und als das mit dem Schwert nicht mehr recht gehen wollte, erzwangen sie sich Ostdarlehen, um ihre verschuldeten Güter zu retten. Allzu gewaltsam tanzten sie mit der Weimarer Republik Ringelreihn, und als auch das nicht viel half und das «germanische Schwert» zeitweise wieder zu Ansehen kam, wurden sie wieder: Rittmeister, Generäle, Obristen. Auch das ging nicht zu ihrem Vorteil aus, und so zerstreuten sie sich in alle Winde oder wurden in alle Winde zerstreut.

Wohin es sie verschlagen hat und was aus ihnen geworden ist, kann ich nicht sagen. Im allgemeinen sollen sie sich anpassungsfähiger gezeigt haben, als man annehmen konnte. Ganz so schlimm wie dem zaristischen Adel nach 1917 ist es ihnen nicht ergangen. Pommersche Junker als Taxichauffeure hat es kaum gegeben. Pommersche Exilrestaurants sind nicht entstanden. Sie waren wohl auch nicht gefragt.

Viele dieser Junker haben sich liberalisiert. Demokratisches Wirtschaftswunder hat auch sie nicht unberührt gelassen. Ihr reaktionärer Starrsinn hat sich wieder zurück in Freimut verwandelt. Dies gilt natürlich nicht für alle.

Es gibt ehemalige pommersche Junker, die links von der Sozialdemokratie in der Sozialdemokratischen Partei stehen, ähnlich wie viele pommersche Junker früher rechts von den Deutschnationalen in der Deutschnationalen Volkspartei standen. Soviel pommerscher Starrsinn hat sich noch erhalten: immer etwas mehr rechts oder etwas mehr links.

Einige von ihnen können noch lachen, wie der alte Gützkower, aber kein Schwert springt mehr aus ihrer Scheide. Dort, wo früher der Harnisch saß oder die Orden preußischer Regimenter hingen, sitzt jetzt das Kavalierstaschentuch, wölbt sich der Kammgarnstoff englischer Anzüge und blühen farbige Krawatten, jeweils nach der neuesten Mode.

Nur wenn diese Junker gehen, reitet noch ganz Pommern mit, Regiment auf Regiment.

Trotzdem: sie leiden nicht mehr am Schwert, an der Flinte oder an einem nicht gut gehenden Gaul. Kein König kann ihnen mehr sagen, daß ihre Untergebenen lauter «Süpers» sind. Sie sind es vielleicht nur noch selbst, denn ein «guter Korn» steht ihnen immer noch zu Gesicht.

Persönlich kenne ich nur noch einen dieser ehemaligen pommerschen Junker. Er leidet an der Sozialdemokratischen Partei, wie seinerzeit der alte Schwerin an seinem König litt. Aber er reitet gleich jenem Schwerin doch jede Schlacht mit, ganz gleich wofür sie auch geschlagen wird.

Kritische Disziplin, das ist vielleicht das beste, was man von den pommerschen Junkern nach Abzug aller reaktionären Schwächen und Anfälle sagen kann.

8. Kapitel

GNÄDIGE FRAU, ICK SÄGEL NOCH VÄL SCHEIVER
BETRACHTUNG ÜBER DIE POMMERSCHEN KÜSTENBEWOHNER

Der Küstenpommer, der von frühester Jugend an gewohnt ist, den Gefahren, welche das Leben auf dem Meer mit sich bringt, ins Auge zu schauen, ist eine harte, verschlossene, wortkarge, ernste Natur, was sich auch in seinen herben Gesichtszügen ausprägt.

GEORG BUSCHAN

Du büst so dumm wie ein Badegast.

POMMERSCHER KINDERMUND

Beide hier angeführten Aussprüche sind falsch. Weder ist der Küstenpommer von so ernsthafter Natur, wie er hier dargestellt wird, noch ist er so dumm wie ein Badegast. Er selbst sieht sich mehr humoristisch als ernst und hält sich weder für verschlossen noch wortkarg. So dumm wie ein Badegast kann nach seiner Ansicht aber kaum ein Mensch sein, der sich Wind und Wetter um die Ohren wehen läßt.

Sein ablehnendes Urteil über die Badegäste hat folgende Gründe. Badegäste gehen unvernünftigerweise ins kalte Wasser, geben ihr Geld unnötigerweise aus und legen sich wider das Gebot eines gesunden Lebens in die pralle Sonne. Außerdem reden sie zuviel und fragen zuviel. Was sie fragen, hat nach seiner Ansicht nicht «Sinn und Verstand». Die Rede eines Badegastes ist unklar und unlogisch.

Ich habe einmal zwei Fischern zugehört, die unterhalb der Strandpromenade saßen, zwischen ihren Fischerbuden. Oben, auf der Promenade, wenige Meter entfernt, gingen die Badegäste spazieren. Beide Fischer kommentierten die Reden der Promenierenden.

«Nu hür di dat an. Dei seggcht doch wirklich ‹wahnsinnig schön›. Dat givt et doch gor nich.»

«Ne, dat givt et nich.»

«Wenn wat schön is, is et nich wahnsinnig.»

«Richtig.»

«Und wenn wat wahnsinnig is, is et nich schön.»

«Sehr richtig.»

«Över dann givt et dat doch gor nich ‹wahnsinnig schön›?»

«Nee, dat givt et nich. Över du wetzt doch, dat dei dömmlich sind.»

«Jo, dömmlich sind sei. Över dat stimmt doch ook nich: ‹Furchtbar interessant›. Interessant is doch genaug. Wenn hei ‹sehr interessant› seggcht, denn is dat richtig. Sei öbertrieben immer.»

«Dat daun sei. Över ich hev di doch seggcht, dat sei dömmlich sind. Du glövst mi jo nich.»

«Doch, ick glöv di dat schon. Dömmlich sind sei. Över so dömmlich, dat is doch nich tau glöven.»

Fragte ein Badegast, sagen wir, es war ein pensionierter Major, von denen es viele unter den Gästen gab, nach einer dunklen Wolkenzusammenballung über dem Meer, so konnte sich folgender Dialog entwikkeln.

«Verzeihen Sie, ist das eine Windhose dort?»

«Jawoll, eine Windhos, Herr Major.»

«Kommt die auf uns zu?»

«Nei, dei sägelt von uns wech.»

«Wohin geht sie denn?»

«Dei sägelt up Grönland tau, Herr Major.»

«Auf Grönland zu? Das ist doch ganz woanders?»

«Dat weit ick woll, Herr Major, aber diese da, die segelt auf Grönland zu.»

Nun war das natürlich keine Windhose, sondern nur eine dunkle, etwas sonderbar geformte Wolke, und kaum hat der Major, der Badegast, sich verabschiedet, sagt der so Befragte:

«Dei mit sin Windhos. Dorbi wet hei nich eenmol, wo Grönland licht.»

Windhosen gibt es an der pommerschen Küste kaum, und so kommt das

Wort «Windhose» in der Sprache der Küstenbewohner auch nicht vor. Zieht ein Unwetter herauf, so sagt man: «Dor treckt wat up», oder: «Minsch, dat givt einen stiefen Nurnurwest», oder: «Hoal dat Boot rin. Hei fingt an tau weigen.»

Das Wort «Wind» wird nicht ausgesprochen. Man sagt «er». «Er fängt an zu wehen.» Das Meer aber ist feminin. «Sei süht hüt so greun ut.» Sie sieht heute so grün aus, sie, die See, das Meer.

Überhaupt ist die Ostsee für alle so etwas wie ein Partner, den man kennen und mit dem man sich gut stellen muß. Das aber können die Badegäste nicht. Sie haben von nichts eine Ahnung. Ein Badegast geht ins Wasser, schwimmt hinaus und ertrinkt. Ertrinkt er nicht, so ist das ausschließlich dem Wohlwollen der Ostsee zuzuschreiben. Immer wundert man sich, daß nicht alle ertrinken, und dafür gibt es nur eine Erklärung.

«Dei spuckt ook alles werra ut.»

Das heißt, die Ostsee spuckt alles wieder aus, selbst die Badegäste. Auch sie will die Badegäste nicht haben, was einerseits für die Ostsee, andererseits gegen die Badegäste spricht. Ein Gast kann zwar meistens schwimmen, aber er hat keine Ahnung von Wind, Wetter, Strömungen, Strudel, also vom Sog des Wassers, das oft oben landeinwärts, unten aber seewärts läuft. So ertrinken immer einige, manchmal in einem Ort ein Dutzend während einer Saison, manchmal auch weniger. Die Fischer, die nicht schwimmen konnten, und die Bademeister, die ebenfalls nicht schwimmen konnten, ertranken nie. Solange ich an der pommerschen Küste ununterbrochen gelebt habe, von meiner Geburt bis zu meinem achtzehnten Lebensjahr, ist niemals ein Einheimischer ertrunken. Hätte man sie danach gefragt, so wäre die Antwort vielleicht gewesen:

«Versupen, ne, dat daun wi nich. Dat daun bloß dei Gäst.»

Badegäste werden im allgemeinen höflich, aber rauh behandelt. Höflich werden sie behandelt, weil sie Geld an die Küste bringen, rauh werden sie behandelt, weil sie sonst zu nichts nütze sind.

Früher kamen die Gäste vorwiegend aus Berlin. Im Juni rückten die ersten mit Kisten, Kasten und Koffern an, im Juli hielten sie den Ort dicht besetzt, und Anfang September verschwanden sie wieder, wie sie gekommen waren. Im Juni hieß es: «Dei Berliner kommen», und im September hieß es: «Dei Berliner sind wech», oder auch: «Jetzt sind sei all werra wech, gottseidank.» Immer empfand man die drei Monate der Saison als eine fremde Inbesitznahme des eigenen Meeres, der eigenen Wälder, Strände, Seen. Es waren Fremde, die dort badeten, tanzten, promenierten und die sich in den eigenen Betten breitmachten. Man hätte sie sofort vertrieben, wäre ihr Geld nicht notwendig gewesen, um die einmal sprichwörtliche Armut dieses Küstenstreifens in einen bescheidenen Wohlstand zu verwandeln. Kamen die Gäste im nächsten Jahr wieder, so hieß es:

«Ja, Herr Sanitätsrat, da sind Sie ja wieder. Welch eine Freude.»

Besagter Sanitätsrat glaubte dann, ein enges freundschaftliches Band verbinde ihn mit den Eingeborenen, freute sich und klopfte jedermann wohlwollend auf die Schulter, ohne zu wissen, was dieselben Eingeborenen hinter seinem Rücken über ihn dachten und sagten:

«Dei Ull süll mit sinen fetten Mors ook ruhig tau Hus blieben. Wat deit hei hier?»

Trotzdem: die Badesaison war der Geldbringer. Jedermann war dann für die Gäste tätig. Die einen vermieteten Zimmer, die anderen Strandkörbe. Die Kinder fuhren die Koffer der Gäste vom Bahnhof in die Häuser. Die Bademeister standen auf den Treppen ihrer Badeanstalten und sahen aufs Meer hinaus, pfiffen oder trompeteten, wenn jemand zu weit hinausschwamm, und sagten zu jedermann «Herr Baron», der es hören wollte und ein gutes Trinkgeld gab. Die Fischer holten für die Gäste vom Meer herein, was zu holen war, und an jeder Ecke stand ein Fischräucherer in seiner Verkaufsbude und bot frischen Räucheraal und frische Räucherflundern an. Der ganze Ort roch dann nach geräucherten Aalen und Flundern, ein Geruch, der die Badegäste in Verwirrung stürzte und ihnen das Geld aus der Tasche lockte. Die Ruderbootsbesitzer vermieteten ihre Ruderboote, und die Segelbootsbesitzer, meist alte Fischer, segelten die Gäste bei jedem Wind und Wetter aufs Meer hinaus.

Ein solcher Gästesegler war in meiner Kindheit «dei ull Joalo». Er war uralt, sah verwittert aus, eine Mischung zwischen Siouxhäuptling und Turnvater Jahn, und sein Bart reichte ihm bis in die Magengegend. Eines Tages segelte er eine Dame, natürlich eine Gräfin oder Baronin, die allein

Badegäste werden höflich behandelt . . .

. . . weil sie Geld bringen. Das ist typisch, wenn auch nicht typisch pommerisch (oder pommersch – Herr Duden erlaubte beides). «Auch den weisesten unter den Menschen sind die Leute, die Geld bringen, mehr willkommen als die, die welches holen», sagte der Professor Lichtenberg, und der war Hesse.

Höflich haben die Pommern auch Friedrich den Großen behandelt. Der brachte ihnen nicht nur die Kartoffel, sondern auch den Pfandbrief, der zwar eigentlich kein Geld ist, aber welches bringt – Zinsen.

gesegelt werden wollte. Sturm kam auf und Joalo kreuzte gegen Wind und Wetter, was das Zeug hielt. Da überkam die Dame, was bei einer solchen Segelei verständlich ist, ein menschliches Bedürfnis, und als sie sich nicht mehr zu helfen wußte, rief sie:

«Herr Joalo, ich muß mal.»

Da sagte der alte Joalo:

«Gnädige Frau, gehen Sie unter dei Persenning. Ick sägel noch väl scheiver.»

Kaum war der alte Joalo wieder an Land, aß er dreizehn Schnecken, zehn Amerikaner und dann noch ein Dutzend Semmeln auf, und erst als er diesen Kuchenberg in sich hineingeschlungen hatte, schob er einen Priem in die Zahnlücke und sagte:

«Dat dömmliche Wief. Wat wull dei von mi?»

So sind die pommerschen Küstenbewohner. Sie segeln immer hart am Wind, setzen sich aber nicht allzu großen Gefahren aus. Badegästinnen kam man entgegen, wo immer es sich machen ließ oder notwendig war, im allgemeinen aber blieb man bei den eigenen Frauen.

«Dort weet man doch wat man hätt. Över dat anner Gesochs, dat givt jo doch nich väl her.»

Ihre Frauen arbeiten ebenso hart wie sie während der Saison. Sie verkauften Fische, wuschen die Wäsche der Gäste, machten ihre Zimmer sauber, bedienten sie und waren von morgens um fünf bis abends um zehn auf den Beinen. Jeder Pfennig wurde für den Winter beiseite gelegt. Jeder mußte abliefern, was es an Geld abzuliefern gab.

Waren die Gäste weg, so zählte man das ihnen abgenommene Geld, steckte es in den Sparstrumpf oder trug es zur Sparkasse und wartete auf die großen Herbststürme, die ebenso prompt wie alles andere kamen. Der Wind wühlte dann den Strand auf, jagte den Sand zu den Dünen hinauf und wieder zurück, und das Wasser wusch den Strandboden wieder klar. Dann kam heraus, was die Badegäste verloren hatten: Ringe, Halsketten, Ohrringe, Armbänder, Geldstücke.

An solchen Nachsturmtagen hatte es mein Vater besonders eilig. Er wollte am Strand sein, bevor andere Suchende ihm wegnahmen, was es zu finden gab. Und so liefen wir dann am Strand entlang: er vornweg und wir, seine Kinder, hinter ihm her, die Nase fast auf dem Strandboden, die Augen fest und suchend auf jeden Quadratmeter Sand gerichtet. Fanden wir nichts, so gab mein Vater entweder dem Sturm oder den Gästen die Schuld.

«Dei war'n ook immer örmer. Dei verlieren ook gor nix mihr.»

Die Winter waren fast immer lang, hart und kalt. Ein eisiger Ostwind pfiff dann am Strand entlang, ließ die Ostsee gefrieren und schob mit den Wasserströmungen ihre Schollen zu Eisbergen zusammen, die vor der Küste lagerten.

Dann begannen die Eingeborenen ihre Feste zu feiern: den Ball der Freiwilligen Feuerwehr, das Stiftungsfest des Gesangvereins, den Hausbesitzerball, das Turnerfest und einen Maskenball, der wochenlang vorbereitet wurde. Kein Glas blieb auf diesen Festen unberührt, und was sonst noch nicht unberührt blieb, weiß ich nicht. Von Schwerfälligkeit oder gar Schwermut konnte auf diesen Festen keine Rede sein. Ernst, in sich verschlossen und wortkarg waren diese Tanzenden, Trinkenden, Liebenden nicht. Eher das Gegenteil. Noch nach Tagen sprachen sie über das Fest, und ihr Lieblingsausspruch war:

«Mensch, da blieb aber wieder kein Auge trocken.»

Sie tanzten vor dem Ersten Weltkrieg den Rheinländer und den Besentanz, nach dem Ersten Weltkrieg bis zum Zweiten den Foxtrott, Charleston und Tango, und nach dem Zweiten Weltkrieg den «Bouki-Wouki». Sie waren immer auf dem laufenden und tanzten alles bis zur Erschöpfung.

Nach jedem Fest war der Ort wie ausgestorben. Alles schlief bis in den übernächsten Tag hinein, und kaum erwacht, dachte man schon an das nächste Fest. Waren die Feste vorüber und kühlte der Winter ab, begann auch schon die Vorbereitung für die nächste Saison. Dann wurden Fenster und Türen aufgerissen, die Fassaden neu gestrichen, Fußböden gebohnert, Teppiche ausgeklopft, und alles, was nicht niet- und nagelfest war, wurde beseitigt oder erneuert.

«Mensch, jetzt muß aber wieder Geld in die Kasse», sagten sie.

Kaum ließ sich der erste Gast auf dem Bahnhof blicken, fing alles auch wieder von neuem an: das Ruderboot-, Zimmer- und Strandkorbvermieten, das Wäschewaschen und das Kofferschleppen, das Fischeräuchern und das Gästesegeln. In der Vorsaison liefen alle in steter und beharrlicher Konkurrenz noch den Badegästen nach, boten dies und jenes an und waren von betonter Höflichkeit, in der Hochsaison aber, wenn Keller und Küche, Zimmer und Boden dicht besetzt waren, trat wieder die rauhere Seite ihrer Seele nach außen und damit auch die tiefe Respektlosigkeit gegenüber allen Inlandbewohnern, Landratten und Badegästen, die nach ihrer Ansicht nichts anderes zu tun hatten, als sich in das kalte Wasser zu legen.

«Ja, mein Herr, da müssen Sie sehen, wie Sie unterkommen.»

«Wie? Einen Strandkorb wollen Sie haben, jetzt, im Juli? Aber meine Dame, da ist auch nicht ein Fetzen frei.»

«Ein Zimmer, ha, ha. Und da fahren Sie einfach so her und glauben, wir hielten für Sie die Zimmer frei?»

So oder ähnlich lauteten die Auskünfte während der Hochsaison, was sich in der Nachsaison, wenn die Gäste weniger wurden, sofort wieder änderte. Dann sagte etwa meine Mutter zu mir:

«Go up dei Strot und kieck naoch dei Gäst ut. Vielleicht is doch einer dorbi, dei meiden will.»

Trieb aber der Gast in der Hochsaison die Preise selbst hinauf und ließ er beharrlich Trinkgelder springen, so bekam er unter Umständen doch eine leere Badewanne, in der er dann den Kopf nach unten, die Beine oben, seine Feriennächte verbringen konnte. Beschwerte er sich, etwa mit dem Satz: «Das ist auf die Dauer aber wirklich etwas zu hart», dann kam jenes Mitleid zutage, das allen Küstenbewohnern eigen ist, eine Art Mitleid aus Seenotzeiten. Dann wurde die Badewanne mit Kisten und Kasten ausgefüllt und Decken und Kissen darauf gelegt.

«Zufrieden, Herr Doktor?»

«Sehr. Sie sind doch eine prächtige Frau.»

«Na, so prächtig bin ick nu ook werra nich», antwortete dann vielleicht die Vermieterin, aber kaum hatte sie die Tür hinter sich geschlossen, so sagte sie mit Sicherheit zu ihrem Mann oder sonst einem Anverwandten:

«Nu lot emm man. Hei betoalt jo ook ganz gaut.»

So oder so ähnlich waren die pommerschen Küstenbewohner, die mit Badegästen umgingen, und wer von ihnen ging nicht mit Badegästen um!

Natürlich sind nicht alle gleich. Zuviel Völkerscharen, Armeen, Regimenter, Kompanien sind an dieser Küste vorbeigezogen. Sie haben nicht viel zurücklassen können, aber was sie zurückließen, das wuchs fort und hat den Charakter dieser Küstenbewohner mitbestimmt. Mehr aber als alles andere hat die See ihre Art geprägt, mehr als alle Schweden, Russen, Polen, Dänen, Preußen und mehr als alle Badegäste, woher sie auch immer kamen.

So sind auch die pommerschen Küstenbewohner unterschiedlicher Natur: ernst und heiter, charakterfest und verschlagen, prüde und freizügig. Was sie aber am meisten lieben, sind zwei Dinge: jemandem einen Bären aufbinden, das heißt eine Lügengeschichte so zu erzählen, daß der Betreffende sie glaubt, und jemandem das Geld aus der Tasche zu ziehen, und zwar so, daß der Betreffende meint, er müsse unbedingt noch etwas darauflegen.

9. Kapitel

ALLES IN ALLEM EINE TRAURIGE GESCHICHTE WIE ES DEN POMMERN IN DER HISTORIE ERGING

Von sozialen Spannungen durch die anwachsenden Ansprüche des Adels gegenüber einem schon gedrückten Bauerntum erfüllt, von wirtschaftlicher Stagnation, ja geradezu einer Wirtschaftskatastrophe seiner See- und Landstädte bedroht, ging Pommern dem Dreißigjährigen Krieg entgegen, der es an den Rand des Abgrunds brachte.

KARL F. REINKING,
«KONTUREN POMMERSCHER GESCHICHTE»

Nimmt man die Zeit des Mittelalters aus, so war Pommern nie ganz selbständig in seinem Handeln, sondern immer im Schlepptau größerer Mächte und Objekt im Machtstreit stärkerer Kräfte.

WALTER BORCHERS,
«VORPOSTEN DES ABENDLANDES»

Eigentlich gibt es keine Geschichte der Pommern, jedenfalls dann nicht, wenn man die Geschichte so auffaßt, wie sie in meiner pommerschen Holzpantinenschule gelehrt wurde. Diese Geschichte bestand aus Schlachten, Siegen, Niederlagen, Friedensschlüssen und Kriegsanfängen. Wichtig waren dabei nicht die Ursachen und politischen Verstrickungen sondern die jeweiligen Daten. Der Geschichtsunterricht sah in Frage und Antwort etwa folgendermaßen aus.

Der Lehrer fragt, die Schüler antworten.

«Gameradt! Leuthen?»

«5. 12. 1757.»

«Roßbach?»

«5. 11. 1757.»

«Hochkirch?»

«13. 9. 1757.»

«Falsch», sagte der Lehrer, «setzen. Der nächste. Kollow. Hochkirch? Wann war Hochkirch?»

«14. 10. 1758.»

«Richtig. Und Kunersdorf? Na, Kollow, überleg mal. Die Schlacht bei Kunersdorf?»

Da stand der zehnjährige Kollow, wußte nichts von Kunersdorf, hatte bei dieser Schlacht gerade geschlafen und sagte schließlich:

«Ick weit et nich, Herr Lehrer.»

«Aber Kollow, Kunersdorf, Kunersdorf. Überleg mal. Das weiß doch jeder.»

«Ick över nich.»

«Gut. Setzen. Der nächste. Hollatz. Kunersdorf. Wann war Kunersdorf?»

«12. 8. 1759.»

«Gut. Ausgezeichnet. Und was kam nach Kunersdorf? Was kam da, Hollatz?»

Und so ging es fort, bis wir die Schlachten aller drei Schlesischen Kriege, Ortsnamen und Daten, laufend hersagen konnten. Was wir dabei noch erfuhren, war etwas über linken und rechten Flügel, über schiefe und gerade Schlachtordnung, über aus dem Hinterhalt gerittene Attacken.

Nie wurde uns klar, warum diese Schlachten eigentlich geschlagen wurden. Alles war selbstverständlich, mehr zum Spaß, und weil es nun einmal Siege und Niederlagen, Kavallerieattacken und Kartätschenfeuer geben mußte. Gewiß, der König hatte viele Feinde, das war klar, aber warum sie seine Feinde waren, das erfuhren wir nie.

Die Soldaten, die auf den jeweiligen Schlachtfeldern zusammenkartätscht wurden, waren in unserem Bewußtsein gleich Zinnsoldaten, und nur die Namen der Generäle und Marschälle des Königs konnten wir ebenso laufend hersagen wie die Daten der Schlachten. Schlesien war für uns kein Begriff. Aber auch, wenn es Pommern gewesen wäre, hätten wir nichts damit anfangen können. Wir wußten nicht einmal, daß unter den Zinnsoldaten auch zahlreiche Pommern gewesen waren, Ur-Urgroßväter vielleicht, freiwillige oder gezogene Pommern, die für ihren König zu sterben hatten.

Es war uns auch gleichgültig. Fragen wurden nicht gestellt, und Zweifel gab es nicht.

Denkbar war, daß der Lehrer einem bei der Entlassung aus der Volksschule die Hand gab und sagte:

«Mein Gott, du weißt ja nicht einmal, wann Leuthen war. Was soll aus dir nur werden?»

Dann schlich der so entlassene Schüler betreten davon.

Sieht man die Geschichte, wie ich sie in dieser pommerschen Volksschule gelernt habe, dann haben die Pommern keine Geschichte. Ihre Schlachten, Siege und Niederlagen waren die Schlachten, Siege und Niederlagen anderer. Es waren die Schlachten der Schweden, Brandenburger, Russen, Franzosen, Polen, Preußen. Sie schlugen sich um pommersche Städte und Dörfer, plünderten sie und äscherten sie ein, und die Pommern bauten sie beharrlich immer wieder auf.

Als der schwedische König Karl XII. am 8. Januar 1713 Altona niederbrennen ließ, befahl der russische Zar, Peter der Große, zur Strafe drei pommersche Städte in Asche zu legen, darunter auch Wolgast. Am 27. März 1713 begannen die Russen ihr Strafgericht. Die Wolgaster liefen davon und sahen aus den Feldern und Wäldern den Flammen zu, die ihre Stadt auffraßen. Es blieb fast nichts davon übrig, und dies, obwohl die Wolgaster weder mit Karl XII. noch mit Peter dem Großen etwas zu tun haben wollten. Sie waren nur gerade schwedische Untertanen. Sie hätten ebensogut russische, polnische, preußische oder sonstwelche Untertanen sein können.

So waren die Pommern immer Objekt der Geschichte, niemals Subjekt.

Auch die pommerschen Herzöge, die es für eine geschichtlich kurze Zeit gab, waren nur Mitläufer, die sich diesem oder jenem Mächtigen anpassen mußten.

Sieht man aber die Geschichte nicht als Geschichte von Schlachten, Siegen und Niederlagen an, sondern als eine Geschichte der Menschen, dann haben auch die Pommern ihre Geschichte. Es ist eine Geschichte der Wandlungen und Verwandlungen, eine Geschichte steter Hartnäckigkeit und eine Geschichte vieler Leiden. Immer bekamen die Pommern einen «up den'n Dötz» für das, was andere angerichtet hatten. Sie haben weder den Katholizismus noch den Protestantismus, weder das Preußentum noch den Nationalsozialismus erfunden, mußten aber für alles bezahlen. Wallenstein wie Gustav Adolf traten zwar als Edelleute auf, machten aber aus Pommern einen Kehrichthaufen, in dem nicht einmal die Schweine mehr ihre Nahrung fanden. Was von Preußentum und Nationalsozialismus übrigblieb, brauche ich hier nicht weiter zu erwähnen. Jedermann weiß es.

Das ist die Geschichte der Pommern, der Menschen, die sich Pommern nannten oder nennen. Woher kamen sie? Kamen sie wirklich alle im Mittelalter aus Niedersachsen, vom unteren Rhein, um ein anderes Volk zu unterwerfen, Menschen, die sich schon Pommern nannten, ja, auch Pommern waren? Ist die Geschichte der Pommern die Geschichte der Kolonisation eines anderen Landes, mit dem Kreuz Christi voran und Pflug und Schwert hinterher? Ich zweifle daran. Ich glaube vielmehr, daß die Pommern eine recht harte Legierung aus vielen Völkern und Stämmen sind.

Zuerst waren da die Steinzeitmenschen, auch sie natürlich schon Pommern, ohne es zu wissen. Was sie durchgemacht haben, wissen wir nicht. Sehr friedlich und sehr lieblich kann es nicht gewesen sein. Die sich nach Skandinavien zurückziehenden Gletscher der letzten Eiszeit ließen nicht viel zurück, was lebensfroh machen konnte. Wahrscheinlich sind manchen Pommern jener Zeit nicht nur die Beine eingefroren. Aber Fische gab es schon. Fische gab es in Pommern immer. Ob auch schon der vielgeliebte pommersche Hering dabei war, ist fraglich. Eines steht auf jeden Fall fest – Hering oder nicht Hering: Als im Süden Europas Kultur und Zivilisation

bereits zum großen Sprung nach vorn ansetzten, wateten die damaligen Pommern noch durch Eisbäche, latschten über zurückgebliebene Moränen und lebten unter Umständen, die keine höhere Philosophie zuließen.

Kaum aber hatte sich ein wenig Vegetation ausgebreitet und waren Flachland und Hügel grün geworden, kamen auch schon andere vorbei. Woher sie kamen, wissen wir nicht. Aus dem Steinzeitmenschen wurde der Bronzezeitmensch, aus dem Bronzezeitmenschen der Eisenzeitmensch. Endlich kamen jene, die wir Germanen nennen. Sie sollen aus Asien gekommen sein, was aber nicht bewiesen ist. In Pommern saßen vor der Völkerwanderung zwei Stämme: die Rugier und die Lemovier. Es waren Goten, was schon dadurch bewiesen ist, daß es bei Ahlbeck auf der Insel Usedom einen Gotensee gibt.

Auch diese pommerschen Goten hatten einen Zug in die Ferne. Was sie nach dem Süden trieb, ist nicht schwer zu erraten: die Sonne, die Wärme, die Apfelsinen, die Feigen und die Pracht der Römer. Sie waren gut unterrichtet. Händler hatten ihnen erzählt, was es dort unten alles zu holen gebe, und je mehr sich das Märchen von der goldenen Sonne des Südens ausbreitete, um so mehr kamen sie zu der Ansicht, daß auch sie an diesem Glück teilhaben müßten.

So machten auch sie sich auf den Weg, nachdem ihre entfernten Verwandten, gotische Stämme, die an der Weichselmündung saßen, schon längst davongezogen waren. Es war schon reichlich spät, aber vielleicht gab es doch noch dies oder das zu holen, einiges wenigstens von dem, was die anderen übriggelassen hatten. Dies war der einzige selbständige Kriegszug der Pommern über die Grenze hinaus, der mir bekannt ist. Er ging natürlich nicht gut aus. Wie später immer, so dienten sie auch in dieser Frühzeit nach vorübergehender Selbständigkeit in fremden Armeen. Zuerst bei Attila und schließlich unter dem Zepter des Ostgotenkönigs Theoderich. Von diesem blieb in Ravenna ein Mausoleum zurück, von unseren Pommern aber gar nichts, es sei denn, man betrachtet jenes Zurückbleibsel als geschichtlich wertvoll, das jedes Volk, das andere befriedet, zurückläßt.

Tatsächlich sehen in Ravenna viele Eingeborene wie Ahlbecker aus. Ihre Geburtsgegend könnte Ahlbeck, oder die Insel Usedom, oder Vor- oder Hinterpommern gewesen sein. Ich habe es selbst in Ravenna gesehen und festgestellt. Gang, Gesichtsausdruck, Bewegung, alles wie man es bei den Küstenbewohnern in Pommern antrifft. Ja, jeder dritte Bürger von Ravenna kam mir wie ein Ahlbecker vor. Diese überraschende Beobachtung läßt natürlich kaum historisch-biologische Schlüsse zu. Trotzdem: die pommerschen Gotenstämme, die Rugier und die Lemovier, haben weit über hundert Jahre ringsum und in Ravanna gesessen, bis sie nach dem Tod Theoderichs spurlos aus der Geschichte verschwanden. Nun ist anzunehmen, daß die pommerschen Goten nicht alles mit auf die Reise nach dem Süden nahmen, was laufen konnte. Auf jeden Fall ließen sie die Kranken, Alten, Lahmen und Blinden zurück, aber wohl auch die Reiseunlustigen. Da sich nun auch die Reiseunlustigen wie die Reiselustigen vermehren, so liegt die Vermutung nahe, daß auch die heutigen Ahlbecker gotisches Blut in sich haben, wie die Eingeborenen von Ravenna.

So erkläre ich mir die große Ähnlichkeit, eine natürlich gewagte Erklärung. Ich gebe es zu.

Kaum hatten diese Italienfahrer sich auf die Reise gemacht, kamen auch schon andere, um die freigewordenen Plätze einzunehmen. Die gotischen Reiseunlustigen waren nicht stark genug, sich der neu Zureisenden zu erwehren. Zuzugsgenehmigungen gab es noch nicht.

Es kamen die Wenden. Sie sollen vom Dnjepr heraufgekommen sein, aber wahrscheinlich liegt ihre Urheimat noch weiter östlich in Mittelasien. Sie waren Slawen und gehörten der indogermanischen Völkerfamilie an. Offensichtlich sind sie auf leisen Sohlen und ohne jeden geschichtlichen Lärm gekommen. Von größeren Kämpfen ist nichts bekannt. Sie sickerten in Pommern ein und durchsickerten die zurückgebliebenen Pommern gotischen Ursprungs.

Gewollt oder ungewollt ließen sich die gotischen Reiseunlustigen mit ihnen ein, und bevor sie es in diesem Hin und Her recht begriffen hatten, waren auch sie Wenden geworden. Diese Assimilation ging um so leichter vor sich, als auch die Wenden blond und blauäugig waren, nur etwas kleiner im Wuchs, was wahrscheinlich dazu führte, daß auch die ehemaligen Pommern sozusagen über Nacht – ein Jahrhundert – alle etwas kleiner wurden.

Nach den Geschichtsschreibern waren die ersten gotischen Pommern «alle von hohem, herrlichem Wuchs, mit einem langen, schmalen Kopf», was es aber zu meiner Zeit nicht mehr gab. Nur die SS fand noch solche herrlichen Wuchs-Personen mit langem, schmalem Kopf bei den Pommern heraus. Im übrigen aber wog die untersetzte, gedrungene Figur und der Rundkopf vor.

Wie sich die Pommern biologisch auch immer entwickelt haben mögen, die Wenden sind dabei und lassen sich nicht wegdiskutieren. Sie sogen die germanisch-gotischen Reste auf, wahrscheinlich nicht immer in freier Gattenwahl, so wie sie selbst, fünfhundert Jahre später, wiederum von neuen Einwanderern aufgesogen wurden.

Fest steht, daß die Wenden sich Pommern nannten, merkwürdigerweise nicht die damaligen Vorpommern, die nannten sich Leuticier oder Wilzen, sondern nur die Hinterpommern, womit bewiesen wäre, daß die Hinterpommern die älteren Pommern sind. Aus dem wendischen «po morju», das heißt «die am Meer Wohnenden», wurden «Pommern». In einem alten Buch fand ich eine Charakterisierung der Wenden, die ich hier nicht unerwähnt lassen möchte und die auch für diese unsere Interimsvorfahren spricht:

«Besonders gerühmt wird an den Wenden ihre allerdings bis zum Leichtsinn gehende Gastlichkeit und ihre Teilnahme gegen Arme; im Wendenlande soll es keine Bettler gegeben haben. Während der Wende leicht aufbrauste und große Neigung zur Uneinigkeit zeigte, fügte er sich doch wieder leicht in das Unabwendbare. Im Kriege, in dem er meist zu Fuß, ohne Panzer, nur mit Schild, Lanze, Schwert und Bogen bewaffnet kämpfte, zeigt er nicht die ungestüme Tapferkeit des Germanen, sondern verläßt sich mehr auf den Hinterhalt und listigen Überfall. Nicht nur zu Lande werden Wenden bei kriegerischen Verwicklungen erwähnt, auch zu Wasser finden wir sie als unternehmende Seeleute, und oft schließen sie sich den Seezügen der Wikinger an und machen auch zu Wasser Überfälle gegen ihre dänischen Nachbarn.»

Was hier als «Hinterhalt» und «listiger Überfall» bezeichnet wird, können wir ebensogut Strategie und Taktik nennen, also schon eine Art modernerer Kriegführung, die jedoch auch die Wenden sowenig vor dem Untergang bewahrt hat wie die «ungestüme Tapferkeit» die Goten.

Kaum hatten sie sich zur Ruhe gesetzt, kamen auch schon neue Eindringlinge. Sie kamen aus dem Norden, aus Dänemark, aus Norwegen, aus Schweden. Sie nahmen den größten Teil der Küste zeitweise in Besitz und ließen den ehemaligen gotischen Reiseunlustigen, nun schon wendisch gemischt, ebenfalls einiges zurück. Wikingerblut wahrscheinlich.

Auch den Wenden gelang es nicht, sich ihre Selbständigkeit zu erhalten. Sie mußten sich im Westen mit den deutschen Kaisern an der Elbe auseinandersetzen, im Norden mit den Dänen, im Osten mit den Polen. Immerhin ging aus diesen Wenden das einzige pommersche Herzoggeschlecht

hervor, das Geschlecht der Greifen, und fast alle diese Greifen hießen Bogislaw, von Bogislaw I. bis zu Bogislaw XIV. Einige, die nicht Bogislaw hießen, sollen hier nicht weiter erwähnt werden, sonst wären wir wieder bei jener Geschichtsbetrachtung, die ich in der pommerschen Volksschule gelernt habe. Es gab, nebenbei gesagt, auch noch Wratislawe. Insgesamt gab es 14 Bogislawe, 12 Barnime, 10 Wratislawe und 9 Kasimire.

Der Untergang der Wenden begann mit der Christianisierung. Otto von Bamberg kam des Wegs. Er hatte, ein Bamberger, zwar nichts in Pommern zu suchen, aber die Pommern wurden auch diesmal nicht gefragt. Herzog Boleslaw von Polen hatte ihn herbeigerufen, um die von den Polen gerade unterworfenen Wenden mit Hilfe des Christentums zu beruhigen. Boleslaw versprach sich von einer christlichen Injektionsspritze die Wirkung einer Art Drogenkur. Die Wenden, die sich immer wieder gegen die Polen erhoben, sollten duldsame christliche Polen werden, wurden aber im Laufe dieser Entwicklung christliche Germanen. Hätte Boleslaw das vorausgesehen, so hätte er zweifellos den Bamberger Otto in Bamberg gelassen. Der Christianisierung folgte die Germanisierung.

Im August 1124 segelte Otto mit drei Schiffen oderabwärts auf Stettin zu. Er tat sich schwer. Die Stettiner wollten nicht, und die Einwohner anderer pommerscher Städte wollten auch nicht. Sie erklärten, sie seien mit den Zuständen, in denen sie lebten, zufrieden, eine neue Lehre sei gar nicht notwendig. Aber Otto von Bamberg hatte einen Auftrag und handelte im Interesse und im Namen des polnischen Herrschers. So kam, was kommen mußte. Auf Drohungen folgte Furcht und auf Furcht Bekehrung. Die Wenden fanden sich in das anscheinend Unvermeidliche, nahmen aber weder Otto von Bamberg noch das Christentum sonderlich ernst. Getauft hatte der gute Otto sie im Einheitsverfahren, bis zu dreitausend Stück auf einmal. Das vergaßen sie wieder oder wollten es vergessen. Um ihnen jedoch den unerbittlichen Ernst des Christentums beizubringen, wurden nun Priester und Mönche ins Land gerufen. Sie kamen aus dem Westen des Reichs. Ihnen folgten Klosterbauern, dann Handwerker, dann Angehörige des niederen Adels oder irgendwelcher adliger Nebenlinien.

Nicht alle können die Allerbesten ihrer Art gewesen sein, denn wer geht schon vom schönen Rhein weg, um sich auf hinterpommerschem Lehmboden anzusiedeln? Sie kamen wohl auch nicht alle freiwillig. Was sie aber auch immer nach Pommern trieb: ein nicht gerade fröhliches Germanisieren und Christianisieren begann. Die Wenden hatten dem nichts entgegenzusetzen. Ihre hölzernen Götter reichten nicht aus. Aber sie waren nicht reiselustig wie die Goten. Nichts konnte sie aus Pommern vertreiben. So wurden sie Christen, dann Pseudogermanen, und endlich konnte sie niemand mehr von den Germanen unterscheiden. Aber sie blieben Pommern, was auch die anderen, die neu Zugereisten, wurden. Der wendische Adel paßte sich ebenfalls den Verhältnissen an: Die wendischen Vorfahren der heutigen oder schon wieder gestrigen von Kleist, von Borcke, von Bonin, von Puttkamer, von Massow, von Manteuffel, von Zitzewitz teilten sich ihre Rechte mit den neuzugereisten niedersächsischen Schwerins, Heidebrecks, Hindenburgs, Ramins und so fort. Dann heirateten sie durcheinander, und so entstand das, was sich später pommerscher Adel nannte. Sehr rasserein können sie nicht gewesen sein, weder die einen noch die anderen. Sie entwickelten nebenbei ein kräftiges Strauch- und Raubritter-

tum, das sich nicht nur im Ausplündern fahrender Kaufleute erging, sondern auch in einem lang anhaltenden Bauernlegen. Erst 1810 mit der Stein-Hardenbergschen Reform wurde diesem Bauernlegen ein endgültiges Ende gesetzt.

Die pommerschen Herzöge traten 1170 in ein deutsches, 1528 in ein reichsunmittelbares Lehnsverhältnis. Nunmehr wie ihre ehemaligen wendischen Untertanen gemischt mit germanischem und polnischem Blut, wurden sie Spielbälle stärkerer Kräfte, bis sie schließlich ausstarben.

Trotz dieser Mißlichkeiten kamen die Neupommern voran. Zäh und fleißig bauten sie ihre Städte und Dörfer auf. Was sie an Seefähigkeit und an Handelstüchtigkeit nicht besaßen, lernten sie von ihren wendischen Mitbürgern, die bereits über ein weitverzweigtes Handelssystem verfügten und auch sonst, wie schon gesagt, von Strategie und Taktik etwas verstanden. Neben den Strauchrittern, den noch freien Bauern und trotz der vielen Kriege, die die Herzöge aller Couleur gegeneinander führten, entstand eine neue Art von Pommer: der Hansepommer. Viele Städte wurden Hansestädte. In dieser Zeit der Hanseherrschaft, die trotz allem nicht immer glücklich war, bildete sich das heraus, was man die pommersche Stadtlandschaft nennen könnte. Die Backsteingotik begann das Gesicht der Städte zu prägen. Einige der Städte wurden reich und mächtig, so etwa

Stralsund, dessen Bürgerschaft wiederholt die Dänen schlug und sich auch sonst behauptete. Noch heute zeugen die vielen Tore, Türme und Kirchen Stralsunds von der mittelalterlichen Bedeutung der Stadt. Es schien für immer bergauf zu gehen, aber auch dieses Bergauf dauerte nicht allzu lange.

Eine neue Lehre kam: der Protestantismus. Nunmehr schon gewohnt, alles anzunehmen, was des Weges kam, protestierten sofort alle Pommern heftig mit. Es blieb ihnen auch gar nichts anderes übrig. Gefragt wurden sie wiederum nicht. Kaum waren sie Protestanten geworden, verloren die Bauern ihre Freiheit. Der Adel riß nicht nur alles an sich, was die Klöster aufgeben mußten, er ließ auch den immer noch freien Ureinwohnern und den eigentlichen Kolonisatoren nichts. Die Bauernordnung von 1616, in Stettin für ganz Pommern erlassen, ist hart und grausam und soll deswegen hier schwarz auf weiß stehen:

«Die Bauern sind in unserem Herzogtum keine Erbzins- oder Pachtleute, sondern Leibeigene. Sie müssen daher allerhand ungemessene Frondienste ohne Beschränkung und Gewißheit leisten. Auch sind sie und ihre Söhne nicht mächtig, ohne Vorwissen der Obrigkeit und der Erlassung der Leibeigenschaft von den Höfen und Hufen sich wegzubegeben. Demgemäß gehören die Hufen, Äcker, Wiesen usw. einzig und allein der Herrschaft und Obrigkeit jedes Ortes, und die Bauern haben keinerlei Nutzungsrecht auf sie, selbst wenn sie oder ihre Vorfahren die Hufe über 50, 60, und auch wohl 100 Jahre bewohnt haben. Wenn eine Herrschaft einen Bauern von einem Hofe auf den anderen versetzen will, kann er sich dessen nicht weigern, sondern ist zu folgen schuldig. Wenn aber die Bauern ihrer Höfe ganz entsetzet und Vorwerke darauf angerichtet werden, muß der Bauer ohne Widerrede weichen und den Hof nebst Äcker, Wiesen und allen Zubehörungen der Herrschaft überlassen.»

So nahmen sich die Junker, was den Bauern, den stolzen Kolonisatoren, gehörte und machte sie zu ihren Leibeigenen. Bevor es aber zu Bauernaufständen kommen konnte, brach der Dreißigjährige Krieg aus. Wallenstein rückte heran und Gustav Adolf ihm entgegen. Jetzt ging es wieder steil bergab. Es wurde geplündert, vergewaltigt, niedergebrannt, daß es für beide Seiten eine Lust war: nur für die Pommern nicht. Sie mußten Einquartierung über Einquartierung ertragen, Requirierung auf Requirierung, und als es nichts mehr zu requirieren gab, trieb man sie einfach in die Wälder, wo sie verhungerten. Wie sollten sie, von denen viele gerade erst Christen geworden waren, begreifen, worum es in diesem christlichen Streit ging! Der Sprache beider Heere nicht kundig, blieb ihnen nichts anderes übrig, als vor jedem, der daherkam, auf die Knie zu fallen und um Erbarmen zu bitten, das ihnen auch gewährt wurde. Man erschlug sie. Von allen Dörfern der Gegend, in der ich geboren wurde, blieb nur eine einzige Kate übrig, in der ein alter Mann lebte, der sich gerettet hatte.

Dann wurde Pommern im Westfälischen Frieden geteilt. Vorpommern

wurde schwedisch und Hinterpommern brandenburgisch, und dies, obwohl die Pommern weder von den Schweden noch von den Brandenburgern, mit denen sie sich immer herumgeschlagen hatten, etwas hielten. Nun waren die einen Schweden und die anderen Brandenburger. Man hatte sie nicht gefragt, ob sie das eine oder das andere auch werden wollten.

Die Kriege hörten nicht auf. Es begannen die schwedisch-brandenburgischen Kriege, und nun mußten die Pommern kräftig mitmarschieren, die einen auf dieser, die anderen auf jener Seite. Es gab einen schwedischen Hauptmann Schwerin, der ein Pommer war, und einen brandenburgischen Hauptmann Schwerin, der ebenfalls ein Pommer war. Sich gegenseitig vom Pferd zu kartätschen machte ihnen nichts aus. Auch der Große Kurfürst verschonte die Pommern nicht. Wolgast, Stettin, Stralsund litten schwer unter den Kämpfen und brannten teilweise nieder.

Dann zog Peter der Große durch Pommern, dem schwedischen Karl XIII. entgegen, und weder der eine noch der andere nahm sonderliche Rücksicht auf die immer noch zähen und lebenswilligen Pommern.

Friedrich Wilhelm I. versuchte mit Krückstock und soldatischer Strenge wenigstens in Hinterpommern einiges zu tun, hob aber zahlreiche Pommern für seine Armee aus und schnüffelte überall nach seinen so geliebten langen Kerls herum. Als er nicht genug davon fand, ließ er pommerschen und ostpreußischen Bernstein einsammeln, schickte ganze Wagenladungen davon nach Petersburg und bekam vom Zaren 41 lange Kerls dafür, die zu Fuß von Petersburg nach Potsdam laufen mußten und schließlich in irgendwelchen pommerschen Garnisonen verschwanden, auch sie nunmehr Pommern. Schließlich kaufte er den Schweden für ein paar Millionen Taler noch ein Stück Vorpommern ab und überließ dieses so vergrößerte

Pommern seinem Sohn, der es vorwiegend als Exerzierfeld benutzte. Friedrich der Große verbrauchte in seinen Schlesischen Kriegen sechzig pommersche Generäle (Junker) und an die sechzigtausend andere Pommern (Willems, Johanns, Karls). Dafür schenkte er ihnen die Kartoffel, die fast allen Pommern beim Sprechen noch heute im Halse steckt. In den letzten Jahren seines Siebenjährigen Krieges wurden auch noch große Teile Pommerns erneut verwüstet und die Pommern noch einmal kräftig dezimiert. Um auch das wiedergutzumachen, zog er Siedler aus aller Herren Ländern, auch aus Polen, nach Pommern, und so wurden die Pommern noch einmal mit anderen Völkern durchsetzt und gemischt.

Nicht lange darauf kamen die napoleonischen Soldaten, blieben fünf Jahre lang, und erst als auch sie gegangen waren, wurden nunmehr auch die letzten Pommern Preußen. Schweden trat 1815 Neu-Vorpommern an Preußen ab. Reinrassige Germanen können diese Pommern nicht mehr gewesen sein, denn über Wenden, Polen, Russen, Schweden, Franzosen und so vor und zurück hatten sie wohl viel fremdes Blut in sich aufgenommen. Trotzdem sollen sie sich über die Maßen gefreut haben, nunmehr endlich Preußen geworden zu sein, was mir bei ihrer sprichwörtlichen historischen Abneigung gegen die Brandenburger fragwürdig erscheint.

Dann kam Bismarck, der vor nichts zurückschreckte. Er heiratete eine pommersche Frau und ließ sich später ein pommersches Gut schenken, wofür dann die Pommern kräftig in seinen Kriegen mitmarschierten. Es gibt fast nichts, was sie nicht mitgestürmt haben, es sei denn, es hat sich um etwas gehandelt, was die Knochen eines pommerschen Grenadiers nicht wert war. Das aber gab es in den Bismarckschen Kriegen kaum. Endlich wurden die Pommern nach Sieg, schmetterndem Heil und Siegeskranz alle miteinander Deutsche, Reichsdeutsche sogar. Das Ziel pommerscher Entwicklungsgeschichte schien erreicht. Auch das dauerte aber nicht lange. Das neue Unheil kam aus Österreich. Irrtümlicherweise hielten viele Pommern dieses Unheil für ein neues Heil. Das ist nicht weiter verwunderlich. Nach so viel nichtpommerschen fremden Herrschern hatten sie wohl das rechte Augenmaß verloren. Wer will ihnen das übelnehmen?

So geschah, was geschehen mußte. Wieder kamen die Russen. Kamen sie unter Zar Peter dem Großen als Feinde, unter Zar Alexander I. als Freunde, so diesmal wieder als Feinde. Wieder versanken pommersche Städte in Asche. Pommern wurde aufgeteilt. Hinterpommern geriet unter polnische Verwaltung. Die Hinterpommern mußten ausziehen, und die Ostpolen, von den Russen ausgesiedelt, zogen ein. Die Vorpommern durften bleiben, wurden aber Mecklenburger und sind heute Bürger des zweiten deutschen Staates. So wurden aus den zuletzt reichsdeutschen Pommern zwei Arten von Deutschen: Westdeutsche und Ostdeutsche.

Alles in allem eine traurige Geschichte.

10. Kapitel

WENN SIE SO WEITERMACHEN, VERLIEREN WIR NOCH DIE SCHLACHT
ÜBER POMMERSCHE MATROSEN, SEELEUTE, SEEHELDEN UND DEREN BESCHEIDENHEIT

Das Meer hält Norddeutschland zusammen wie die Hochgebirge den deutschen Süden. Auf dem festen Boden sind die Interessen der Küstenbewohner mannigfach gestuft und gekreuzt, auf der See sind sie gleichartig.

WILHELM HEINRICH RIEHL, 1853

Mein Mann, der fährt zur See,
Das Arschloch in die Höh.

POMMERSCHER KINDERMUND

Die Pommern sagen nicht: «Mein Sohn, der fährt zur See, juchhe», oder: «Wissen Sie, mein Drittältester, der ist auf hoher See», sondern sie sagen: «Der treibt sich auch schon so lange auf See herum», oder: «Der kann es auch nicht lassen, sich immer auf dem Wasser herumzutreiben.» Im allgemeinen aber sagen sie: «Hei is bi dei Marin» oder «Hei is ein Mariner».

Warum sie die christliche Seefahrt als Herumtreiberei bezeichnen, ist mir nie ganz klargeworden. Wahrscheinlich ist diese kritische Abschätzung in sehr früher Zeit entstanden, vielleicht schon bei den Wenden oder noch früher.

Wer damals und später zur See ging, kam meistens nicht wieder. Er ersoff irgendwo, an der dänischen, schwedischen, norwegischen oder sonstwelchen Küsten, wurde erschlagen oder kam unter einem höchstrichterlichen Galgen um. Auch als die Seefahrt christlicher wurde, blieb sie unchristlich, und wer zur See fuhr, war eigentlich kein richtiger Christenmensch. Natürlich wurden nicht alle seefahrenden Pommern an Rahen aufgeknüpft, aber doch einige, vielleicht eine ganze Menge; von denen, die sich der Seeräuberei hingaben, ganz zu schweigen. Sie wurden nach pommerschem Recht, wie etwa die Vitalienbrüder, die die stolzen Hansekoggen vor Pommerns Küste ausplünderten, nicht mehr als Seefahrer angesehen, obwohl sie hervorragende Seeleute waren.

Jene, die trotz dieser und anderer Gefahren wiederkamen, logen meistens nicht nur das Blaue vom Himmel herunter, sondern auch noch manches andere. Ihre Kapitäne waren nicht nur große Befehlshaber und prächtige Seefahrer gewesen, obwohl diese sie nur gebimst und geschunden hatten, sondern Übermenschen schlechthin. Die Vögel und Fische, die diese Heimkehrer gesehen hatten, nahmen Dimensionen an, die dem Zuhörer nur die pommersche Gänsehaut über den Rücken treiben konnten. Solche Heimkehrer wurden nie mehr seßhaft. Sie waren Herumtreiber.

«Und», sagten die anderen, «haste nich gesehen, nu is er schon werra wech.»

Einige meiner Vorfahren mütterlicherseits, die zur See fuhren, kamen nicht wieder, aber nur von einem weiß ich, daß er mit Mann und Maus und Schiff im Pazifik unterging. Noch meine Mutter sagte bei jeder Gelegenheit: «Rudert mir ja nich zu weit hinaus. Das sag ich euch!», und als ich, ein kleiner Junge, unbedingt Kapitän werden wollte, redete sie so lange auf mich ein, bis ich den Kapitän an den Nagel hängte.

So haben die Pommern ein anderes Verhältnis zur See als etwa die Sachsen oder die Bayern, die, von Sehnsuchtsvorstellungen getrieben, wahrscheinlich glauben, eine Seefahrt, die sei lustig oder doch zumindest romantisch. Liebend gern lassen die Pommern deshalb Sachsen zur See fahren, amüsieren sich aber, wenn ein frisch angeheuerter Sachse etwa seekrank wird oder nicht fest auf den schwankenden Planken steht.

«Wat deit hei ook hier up See», sagen sie dann. «Hei künn doch ook tau Hus blieven.»

Sie selbst halten sich natürlich für ein seefahrendes Volk. Mit Geringschätzung sehen sie auf alles herab, was Binnenschiffahrt betreibt, und noch mehr auf jene, die weit landeinwärts wohnen und vom Meer so wenig wissen wie sie selbst von den Bergen und der Bergsteigerei. Ihr Verhältnis zur See ist von der Vorsicht geprägt. Sie wissen, daß dort, wo der feste Boden aufhört, alle Unsicherheit beginnt. Das ist der Grund, warum nicht allzu viele Pommern, trotz ihrer fünfhundertundfünfzig Kilometer langen Küste, bei der christlichen Seefahrt zu finden sind. Die meisten von ihnen zogen es vor, aufs Meer hinauszusehen und bei einem aufkommenden Sturm zu sagen:

«Minsch, dor treckt över werra wat up. Dor versüpt jo werra allerhand.»

Trotzdem gab es genug pommersche «Mariners», und es gibt sie wahrscheinlich auch heute noch. Sie unterscheiden sich im wesentlichen nicht von anderen Seeleuten. Genau wie jene wiegen sie sich in den Hüften, rollen auf Land leicht hin und her, spucken nie gegen den Wind, aber sonst wohin sie wollen und haben statt Wetter und Wind meistens eine geruchsfeine Nase im Gesicht, mit der sie jedes Bordell und jede Kneipe finden, ganz gleich, wohin es sie verschlägt.

Sehr liebenswürdig sind sie nicht, und wenn sie können, binden sie mit überzeugendem Ernst jedem, der gerade des Weges kommt, einen Bären auf, klären aber oft hinterher den Betreffenden wieder auf, etwa mit den Worten:

«Sehen Sie, und das haben Sie nun geglaubt. Da können Sie mal sehen, was Sie alles glauben.»

Es gab natürlich eine Kriegsmarine und eine Handelsmarine, wobei die Kriegsmarine immer etwas Besseres war als die Handelsmarine.

Sprechen wir also zuerst von der pommerschen Kriegsmarine. Es hat sie selbstverständlich nicht gegeben. Eine ausgesprochen pommersche Seeschlacht ist mir nicht bekannt. Es mag sie bei den Wenden gegeben haben, aber das ist lange her. Die einzige Seeschlacht, die man als eine fast pommersche bezeichnen kann, war die Schlacht bei Arcona vor Rügen, die aber in der Seekriegsgeschichte auch keine besondere Bedeutung hat.

Mit drei Schiffen zogen die Pommern, die schon Preußen waren, am 17. März 1864 gegen die Dänen aus, um diese zur Räson zu bringen. Es waren zwei Raddampfer und ein Segelschiff oder zwei Segelschiffe und ein Raddampfer. Drei Stunden lang schossen sie vor Rügen kräftig auf die Dänen ein, mußten sich jedoch zurückziehen und unverrichteterdinge in den Hafen von Swinemünde zurückkehren. Es soll, wie der Volksmund sagt, «ein mächtiges Geballer» gewesen sein. In «banger Erwartung» hörten sich die Swinemünder und die sonstigen Küstenbewohner dieses Geballer mit an. Wahrscheinlich haben sie dieses ferne Grollen der Geschütze mit Reden wie dieser kommentiert:

«Du lieber Gott, wenn dat man gaut geiht.»

Es ging gut. Die «Loreley», die «Nymphe» und die «Arcona» liefen im Schutz der Dunkelheit und unter dem «Fivat-Geschrei» der Swinemünder wieder in den Hafen ein, auf dessen Mole auch Theodor Fontane gestanden haben soll. Wider Erwarten hat er kein Gedicht, etwa mit dem Titel «Die Helden von Arcona», auf dieses Seegefecht geschrieben, obwohl er eigentlich ein Swinemünder war, wenn auch nicht dort geboren.

Die Erleichterung bei der Rückkehr der Schiffe muß allgemein gewesen sein, denn die Dänen hatten 179 Kanonen auf ihren Schiffen, die Preußen-Pommern aber nur 56.

«Gott sei Dank, dat sei werra dor sind.»

So und ähnlich sollen die Swinemünder sich ausgedrückt haben, als ihre Seeleute wieder im Hafen waren. Von diesem Tag an ließen sich ihre drei Schiffe auch nicht mehr auf ein Seegefecht mit den Dänen ein.

Schlimmer wurde es, über fünfzig Jahre später, im Skagerrak. Aber da waren die Pommern schon Reichsdeutsche und stellten nur einen Teil der Schiffsbesatzungen. Trotzdem kamen viele von ihnen nicht zurück. Unter jenen aber, die zurückkamen, war einer, den wir als Kinder «Hoogie» nannten, der aber Robert Koos hieß. Seine Erzählungen haben mich immer wieder beeindruckt.

«Mensch, das sage ich dir, da war vielleicht was los. Also, ich als Signalgastmaat auf der Brücke und gewinkt, was das Zeug hielt: ‹Schiff klar zum Gefecht, Schiff klar zum Gefecht.› und was soll ich dir sagen, da kommt doch eine Barkasse längsseits, und da steigt doch wirklich der Admiral aus, und der sieht mich an, mit seinem Spitzbart, und mit ein paar Augen, so scharf wie ein Rasiermesser, und der sagt: ‹Koos, hören Sie sofort auf. Der Feind signalisiert ja mit.› Und was habe ich gesagt? ‹Herr Admiral›, habe ich gesagt, ‹der kann mich ja gar nicht sehen.› Und da hat er mir einen Blick zugeworfen, sage ich dir, so was von einem Blick hast du noch gar nicht gesehen, so'n richtigen Haifischblick. ‹Koos, wenn ich sage, der Feind sieht Sie, dann sieht er Sie, verstanden.› Und da habe ich gesagt: ‹Jawohl, Herr Admiral, dann sieht er mich.›»

Auf die Frage: «Woher hat denn der Admiral deinen Namen gewußt?», kam folgende Antwort:

«Mensch, du hast auch keine Ahnung, was ein Signalgastmaat ist. Ein Signalgastmaat ist die Seele von so einem Schiff. So'n schwerer Pott kann sich ohne ihn überhaupt nicht bewegen, nicht vor und zurück, sage ich dir. Und was so'n Admiral ist, der kennt alle Signalgastmaaten auf See, und wenn er einen mal nicht kennt, dann sieht er ihn nur so an, so durch und durch, und schon weiß er seinen Namen. Na und denn, da ging es dann richtig los. Der Admiral war noch keine fünfzig Meter von unserem Pott wech, da flog er mit seiner Barkasse auch schon in die Luft. Volltreffer. Mensch, Hoogie, habe ich mir gesagt, was hast du mit dem bloß gemacht. Aber da kam auch schon so'n Ding an, so groß wie ein Scheunentor, sage ich dir, und rein in die Brücke, und ich runter von der Brücke und rein ins Wasser und wieder raus aus dem Wasser und rauf auf Deck. Und da steht doch so'n dämlicher Korvettenkapitän, den ich sowieso nicht leiden konnte, und der sagt doch zu mir: ‹Koos, was machen Sie denn? Wenn Sie so weitermachen, verlieren wir noch die Schlacht.› ‹Herr Kapitän›, habe ich gesagt, ‹die verlieren wir nicht, die nicht.› Und was soll ich dir sagen, da kommt doch wieder so'n Ding an, ein Kaliber, dreimal so groß wie das erste, und weg war der Kopf vom Kapitän, mit Mütze und allem. Nur die Mütze habe ich noch gesehen. Die schwamm vierzig Meter von unserem Pott weg auf See. Und da habe ich gesagt: ‹Herr Kapitän›, habe ich gesagt, ‹wenn Sie so weitermachen . . .› Aber da ging es erst richtig los. Ein Ding nach dem anderen kam an, immer achtern rein, immer achtern, nix wie achtern. Was nicht niet- und nagelfest war, ging über Bord, und zuletzt auch unsere Geschützbedienungen. Und da, ich nix wie ran an so'n Geschütz, und immer rein die Granaten, immer rein, und als ich gerade so einen schweren alten englischen Pott im Visier hatte, so einen von der Dreadnought-Klasse, da kommt doch der Alte aus seinem Bau, der Kommandant, und sagt: ‹Machen Sie nur so weiter, Koos. Wenn Sie so weitermachen, kriegen Sie auch das Eiserne Kreuz.› Und was meinst du wohl, was ich da zu ihm gesagt habe, na, was habe ich wohl gesagt? ‹Nu lecken Sei mi över am Mors, Herr Kommandant›, habe ich gesagt. Ja, das habe ich gesagt, und da hat er mich so dämlich angesehen und gebrüllt: ‹Koos, Koos, das geht aber wirklich zu weit.› Und da kam doch wieder so'n schweres Ding an, und weg war auch der Alte, und ich ganz allein, und da ging es erst richtig los . . .»

Trotzdem bekommt der Erzähler zum Schluß das Eiserne Kreuz. Als es gar nicht mehr weitergeht, springt er ins Wasser und wird beim Flammenschein brennender und explodierender Schiffe von einem Torpedoboot wieder herausgefischt. Der Torpedobootskommandant begrüßt ihn mit Handschlag und sagt: «Koos, Sie haben sich tapfer geschlagen.»

Nicht alle pommerschen Matrosen der ehemaligen Kriegsmarine konnten so fließend erzählen wie dieser, und nicht alle gingen mit der Wahrheit so leichtsinnig um. Viele faßten sich kürzer: «Skagerrak, Schiet», sagten sie, oder auch: «Ick wir man bloß up so'n ullen Koalentrimmer.»

Bei den pommerschen Küstenmädchen waren diese Matrosen über alles beliebt. Lagen ihre Schiffe im Kriegshafen Swinemünde, so waren diese Mädchen nicht mehr zu halten. Auch der oft gesprochene Satz ihrer Mütter: «Loopt mi nich ümmer dei Mariners naoch!» hielt sie nicht zurück. An solchen Sonn- oder Feiertagen waren die Linienschiffe, die Kreuzer, die Schlachtschiffe von Mädchen umlagert. Die Matrosen standen auf den hohen Decks, flegelten sich über die Reling und riefen den Mädchen Anspielungen und Schweinereien zu.

Die Mädchen kicherten, sahen zu ihnen hinauf und gaben zurück, was sie zurückgeben konnten.

«Ihr seid immer so frech. Warum seid ihr immer so frech?»

«Jawoll, das sind wir», riefen die Matrosen zurück, sagten: «Mensch, du segelst ja mit deinem Busen wie eine Fregatte mit ihren Klüvern vorm Wind», oder: «Annemarie, du hast ja einen Arsch wie eine Schokoladentonne.»

«Du alter Drecksack», riefen dann unter Umständen die Mädchen, und wenn sie gar nicht mehr weiter wußten, sprachen sie Platt und wurden auch ihrerseits drastischer.

«Du büst so bescheeten wie din eigen Orsloch. Jawoll, dat büst du. Und kumm mi jo nich runner von dinen Schietkasten. Dat seggch ick di.»

Ganz so beliebt wie diese Matrosen der Kriegsmarine waren jene der Handelsmarine nicht. Sie galten als noch unzuverlässiger, waren für die Älteren das, was sich auf See herumtreibt, und hatten es nur dann leichter, wenn sie es bis zum Schiffsoffizier brachten. Sie waren hart, rauh, unchristlich, und wenn sie den Mund aufmachten, kam ein gediegenes Sex-Vokabular heraus.

Fuhren sie auf Passagierschiffen, die in der Ostsee herumdampften, so

war ihre Lieblingsbeschäftigung, sich über die Passagiere lustig zu machen.

«He, mein Fräulein, was haben Sie denn da hinten?»

«Ja, was habe ich denn da?»

«Sie haben sich naß gemacht.»

«Ich mich naß gemacht? Ja, das ist ja eine Unverschämtheit, was Sie da sagen.»

«Ich meine ja auch nur, Sie haben sich ins Wasser gesetzt.»

«Ich habe mich nicht ins Wasser gesetzt.»

«Na, denn fühlen Sie man mal hin!» sagte dann der Matrose und war unter Deck verschwunden, bevor das Fräulein noch einmal antworten konnte. Kam ein Passagier und wollte über irgend etwas eine Auskunft haben, so bekam er die seltsamsten Antworten.

«Verzeihen Sie, ist das eine Boje?»

«Nein, das ist ein Seebriefkasten.»

«Seebriefkästen? Gibt es das denn auch?»

«Es gibt noch viel mehr. Es gibt sogar ein Seepostamt. Drei Strich Nordnordwest von hier ist es verankert. Aber heute laufen wir es nicht an, heute nicht. Morgen vielleicht.»

Schlimmer wurde es, wenn Sturm aufkam. Dann traktierten sie ihre Passagiere mit Schnaps und Cognac.

«Das ist gut gegen Seekrankheit. Trinken Sie nur tüchtig einen. Das hilft. Das bringt Sie über die Wellen weg.»

Bald waren die meisten Passagiere nicht nur seekrank, sondern auch betrunken, lagen und hockten im Mitteldeck und glasten vor sich hin. Dann erst fanden die Maaten und Steuerleute ihr Schiff ganz in Ordnung.

«Minsch, wat hemm'n wi bloß werra för einen besoapenen Damper. Dat kotzt dor unnen vör sich henn. Es ist eine Lust und eine Freude.»

Diese Lust an seekranken und betrunkenen Landratten konnte ihnen niemand nehmen. Passagiere, die aus so entstandener Lebensmüdigkeit über Bord gehen wollten, banden sie mit dicken Tauen fest, und kam ihr Schiff endlich in die Nähe des Hafens, dann steuerten sie es so, daß es zwischen zwei Wellenbergen hart aufsetzte und in allen Fugen knarrte. Alle Passagiere glaubten dann, das Ende sei gekommen, und die Schiffsbesatzung ließ auch keinen Zweifel daran, daß ihr «Damper» hart am Ende vorbeischlitterte.

«Diesen Hafen kriegen wir nicht mehr, mein Herr.»

«Ja, was soll denn aus uns werden?»

«Dann gehen wir wieder auf See hinaus.»

«Und wie lange kann das dauern?»

«Ein paar Tage wird es schon dauern. Eine Woche vielleicht. Dieser Nordwest hält lange an.»

«Mein Gott, das überlebe ich nicht.»

«Das kann schon sein», sagte dann der betreffende Maat und ging davon, «das haben andere auch schon nicht überlebt.»

Kurz darauf war der Dampfer im Hafen. Traf dann dieser Passagier noch einmal den Maat, dann sagte dieser:

«Ja, wissen Sie, unser Steuermann, ein reines Wunderding. Dem können Sie nicht genug dankbar sein.»

«Das bin ich auch. Das bin ich bei Gott», sagte dann der Passagier und verschwand über die Gangway, glücklich, endlich von diesem Schiff hinunterzukommen.

Mitleid im christlichen Sinn kannten diese pommerschen Seeleute nicht, und Samariter waren sie nur dann, wenn es wirklich notwendig war. Dann aber waren sie es uneingeschränkt.

Über ihre sonstigen Umgangsformen will ich hier nicht weiter sprechen. Sie waren nicht besser und nicht schlechter als die Umgangsformen anderer Seeleute. Frauen gegenüber konnten sie bestrickend liebenswürdig sein. Sahen sie ein Paar Beine, die ihnen gefielen, dann rissen sie sich selbst alle Beine aus. Nach kurzer Zeit wurden ihre Reden immer großsprecherischer, so daß die Frauen glauben mußten, wahre Seehelden vor sich zu haben. Dabei hatten sie ihre Nase nicht einmal über das Kattegat hinausgesteckt.

«Afrika, liebes Fräulein, da bin ich wohl um die sechzigmal drumrum geschippert, und Kap Horn, na, da hat's mich schon manchmal von Bord gefegt. Aber man kommt ja auch immer wieder hinauf. Das ist wie in der Liebe, runter und rauf, und zum Schluß weiß man gar nicht mehr, wo man ist.»

So oder so ähnlich konnten sie sein, wenn das Fräulein etwas Besseres, eine Fremde war, und sie die Absicht hatten, es unbedingt irgendwohin zu ziehen, in einen Strandkorb, in eine Kajüte oder sonstwohin. Dann waren sie zäh und ließen sich auf langwierige Reden ein. Aber nur dann.

Man wird sagen, so waren die pommerschen Seeleute nicht. Ich aber sage, so waren sie und nicht anders. Ich bin selbst auf einem solchen Dampfer ein paar Monate herumgefahren und wurde schließlich mit Schimpf und Schande davongejagt, nur weil ich eine Leidenschaft hatte, die sie nicht leiden konnten und für ein Übel hielten. Es war ein Übel, das sie in einem kurzen Satz zusammenfaßten, und der Satz hieß: «Hei läst tau väl.»

11. Kapitel

DAT IS KEIN SCHWIN, DAT IS JO EIN GIRAFF
POMMERSCHE GASTRONOMIE

Es herrscht dort ein unglaublicher Überfluß an Fischen, sowohl aus dem Meere wie aus Gewässern, Seen und Teichen, und für einen Pfennig würdest du einen ganzen Wagen frischer Heringe bekommen, und wenn ich über den Geschmack und die Dicke derselben sagen würde, was ich denke, so würde ich der Gefräßigkeit beschuldigt werden. An Wildbret von Hirschen, Büffeln und wilden Pferden, Ebern, Schweinen und anderem Wild hat das ganze Land Überfluß; Butter von Kühen und Milch von Schafen mit dem Fett der Hammel und Böcke, mit Überfluß an Honig und Weizen, mit Hanf und Mohn und jeder Art von Gemüse, und wenn es den Weinstock, den Ölbaum und die Feige hätte, so würdest du es für das Gelobte Land halten wegen der Menge der fruchttragenden Bäume.

HERBORD ÜBER DIE
FRUCHTBARKEIT POMMERNS, 1159.

Die Pommern haben (oder hatten) eine Küche, die zwar nicht luxuriös aber gediegen ist. Sie besteht aus vier Grundnahrungsmitteln: Hering, Gans, Schwein, Kartoffel. Natürlich ist der Hering kein gewöhnlicher Hering, kein Hering schlechthin, und die Gans, das Schwein und die Kartoffeln sind es auch nicht. Es sind pommersche Heringe, pommersche Gänse, pommersche Schweine und pommersche Kartoffeln.

Pommersche Heringe, und wir wollen zuerst von ihnen sprechen, unterscheiden sich von holländischen, norwegischen oder englischen Heringen.

Der pommersche Hering ist im Gegensatz zu dem, was 1159 Herbord festgestellt haben will, klein, schmal, zierlich. Er hat eine bestimmte Länge, etwa eine Hand lang, ein festes Fleisch, und hält sich so lange frisch, bis ihn ein Pommer verzehrt hat. Ißt ihn ein anderer, so gibt er seine Frische beizeiten auf. Warum das so ist, kann ich nicht erklären, aber es ist so. Ich muß es wissen, denn meine ganze Kindheit war von diesem Hering überschattet.

Er spielt in der Geschichte der Pommern eine besondere Rolle, und die pommerschen Herzöge waren schlecht beraten, als sie den Greifen als ihr Wappentier wählten und nicht den Hering. Mit dem Hering auf Banner und Wappen wäre ihr Untergang nicht so trostlos und traurig gewesen. Aber sie wollten über sich selbst hinaus und erkannten nicht das Nächstliegende. Das Nächstliegende aber war auch zu jener Zeit: der Hering.

Ohne ihn gäbe es die Pommern wahrscheinlich schon lange nicht mehr. Der Hunger, der infolge der vielen Plünderungen und Brandschatzungen nicht ausblieb, hätte sie ganz ausgerottet, wäre der Hering im Herbst nicht immer wieder an ihre Küste gekommen, um dort geduldig auf seinen Abtransport zu warten.

Es war, wie gesagt, ein pommerscher Hering. Er fiel, wo er stand, und er stand so lange, bis er fiel. Er kam nicht einzeln oder in Kompanie-oder Regimentsstärke, sondern gleich in ganzen Armeen und Heeresgruppen, zu Hunderttausenden oder auch zu Millionen.

Kaum lief die Vorhut in die pommersche Bucht ein, so ging es auch schon von Haus zu Haus: «Dei Hiring is dor», oder «Dei Hiring kümmt». Der Vorhut folgte die Hauptmacht der Heringe und der Hauptmacht die Nachhut. Waren sie alle unmittelbar an der Küste versammelt, dann standen sie so dicht, daß die Pommern sagten: «Heute kann man wieder wie Jesus Christus über das Wasser gehen.» Oder, wie es mein Vater sagte, der nicht viel von Religion und Frömmigkeit hielt:

«Minsch, hüt steiht hei werra so dicht, dei Hiring, dor kannst du ut dat Boot utstiegen und öber dei See gohn und dor sackst du nich in und versüpst nich und nix.»

Das war früher so. Heute hat sich der Hering längst zurückgezogen, und niemand weiß, warum er sich zurückgezogen hat. Wahrscheinlich hängt das mit der Ernährung zusammen, mit den politischen Verhältnissen, oder mit anderen Erscheinungen unseres modernen Lebens. Damals war es so, und wer es nicht glauben will, kann sich bei denen erkundigen, die heute längst unter der Erde liegen.

Jedenfalls habe ich noch die letzten Ausläufer dieser großen Heringszeiten und Heringsschlachten erlebt. Kaum war die Heringsvorhut eingelaufen oder hatte sich angekündigt, wurden auch schon die Netze parat gemacht und ins Wasser gebracht, und zweimal am Tag wurden sie wieder herausgeholt. Es soll Tage gegeben haben, an denen die Netze gar nicht ins Wasser gingen, weil der Hering Leib an Leib und Rücken an Rücken keine

Lücke für Netze frei ließ, so daß den Fischern nichts anderes übrigblieb, als die Heringe mit ihren Wasserschöpfkellen einfach ins Boot zu kellen.

An normalen Tagen aber kamen die Boote mit ihren hoch über Bord aufgetürmten Netzen zurück, und in fast jeder Masche dieser Netze saß ein Hering, der darauf wartete, aus dieser Masche «herausgepult» zu werden. Dann standen wir als Kinder mit unseren Müttern, Schwestern und was sonst noch arbeitsfähig war, am Strand, Körbe, Kisten und Kasten neben uns, und begannen mit unserer Arbeit. Die Netze wurden aufgehängt, und wir pulten die Heringe heraus, Hering für Hering, Hunderte und Tausende. Meistens blies ein harter, kalter Nordost über das Meer und über den Strand. Es war Ende Oktober, Anfang November, die Finger wurden kalt, klamm und steif, aber es gab keinen Pardon. Wollte der eine oder der andere von uns aufgeben, und sagte er etwa: «Was wollen wir bloß mit dem vielen Hering?», dann bekam er zur Antwort: «Öber Hiring äten, dat kannst du. Nu man tau. Nu hull di man ran.» Man hätte auch sagen können: «Wer den Hering nicht ehrt, ist der Badegäste nicht wert», denn diese «Heringssaison» folgte zwei Monate nach der Badesaison, und so wie die Schwärme der Badegäste erleichtert werden mußten, so auch die Schwärme der Heringe. Es ging, wie immer, um das tägliche Brot.

Waren die Heringsschwärme, meistens um ein Viertel, um ein Drittel oder auch um die Hälfte erleichtert, wieder weg, so gab es den ganzen Winter über Heringe: Heringe grün, Heringe sauer, Heringe gebraten, Heringe geräuchert, Heringe eingelegt, Bismarckheringe in Senfkörnern und eingesalzene Heringe. Je nach Art der Zubereitung des Herings gab es dazu Pellkartoffeln oder Bratkartoffeln, und mochte der eine oder der andere mal keinen Hering mehr und sagte: «Nu kann ick över keinen Hiring mihr seihn», dann mußte er sich gefallen lassen, als Feinschmecker eingestuft zu werden. «Du büst jo werra so küsottsch», hieß es dann, und «küsottsch», das war jemand, der einen zu feinen Gaumen hatte und dem, infolge dieses Gaumens, der Schiffbruch im Leben mit Sicherheit bevorstand. Jemand, der keinen Hering aß, der war ein feiner Pinkel, und feine Pinkel waren nur dann angesehen, wenn sie Geld hatten und etwas springen lassen konnten. Sonst aber waren sie zu nichts nutze.

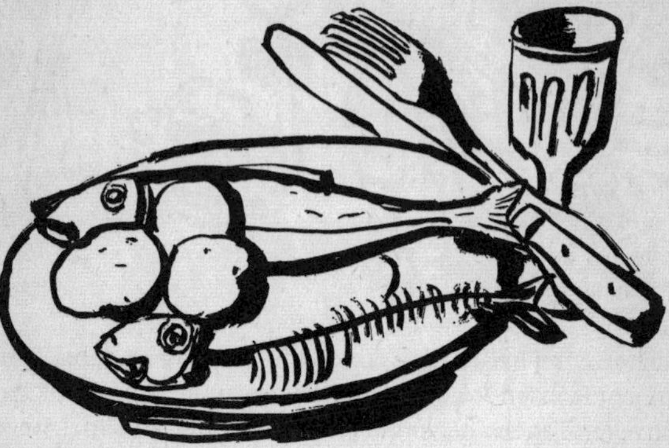

Welche Rolle der Hering im Überleben der Pommern gespielt hat, kann man schon daraus ersehen, daß allein Stettin zeitweise bis zu 600 000 Tonnen Heringe auf den Weg in andere Länder gebracht haben soll, was mir selbst etwas übertrieben erscheint, aber immerhin, dies steht fest, waren es um 1900 noch 105 900 Tonnen, was in Stückzahl umgerechnet ja doch schon in die Millionen pommerscher Heringe geht. Stettin – und hier ist es vielleicht notwendig, einen kleinen Einschub zu machen – war schon zur Wendenzeit die Hauptstadt Pommerns. Aus einem wendischen Fischerdorf entstanden und von den Wenden «Stätte am Zusammenfluß», d. h. Stettin genannt, später Sitz der pommerschen Herzöge, entwickelte sie sich zu der Hafenstadt und Handelsmetropole an der Oder, durch die der größte Teil des Handels der Oder- und der Ostseeschiffahrt lief. 1939 mit einer Einwohnerzahl von 383 000, zählt sie heute unter polnischer Herrschaft und Szczecin genannt wieder 244 000 Einwohner. Nicht weit von Berlin entfernt, war sie für die Stettiner oft eine Art Vororthauptstadt, von der aus man in die Reichshauptstadt ins Theater fahren konnte.

Doch dies ist keine Monographie der Städte und der Landschaft Pommerns, sondern nur eine «Studie» über meine Landsleute: die Pommern. Kehren wir also zu den pommerschen Heringen zurück. Zur Zeit der Hanse sollen sie die Handelsware der Pommern gewesen sein, die an erster Stelle stand.

Wie es aber auch immer war, ohne den Hering ist Pommern nicht vorstellbar, so wie es ohne seine Gans nicht denkbar ist.

Über die läßt sich weniger aussagen. Sie ist einfach berühmt, und wie es mit Berühmtheiten so geht, man weiß alles über sie und doch nichts. Sie ist pommersch, das heißt, sie ist zurückhaltender, schlanker, schmaler, edler und knuspriger. Statt sich nudeln zu lassen, grast sie die pommerschen Stoppelfelder ab, erhält sich dadurch eine hohe Körnigkeit und gibt mit ihrer Brust so das her, was die Pommern erfunden haben: die «Rügenwalder Gänsebrust». Jeder Pommer, der es sich leisten kann, Gänsebrust zu essen (das waren nicht alle, die meisten blieben bei Heringen), war dafür seiner Gans dankbar.

Auch diese Gänse zogen im Herbst, den Schwärmen der Heringe gleich, in Küche und Keller der Pommern. Theodor Fontane, der in Swinemünde aufwuchs, hat darüber berichtet, sehr viel besser, als ich es könnte, denn ich habe immer nur einzelne pommersche Gänse sterben sehen, niemals ganze Schwärme. «War nun aber die Gänseschlachtzeit herangekommen, so bedeutete das eine weitere, sehr erhebliche, gesteigerte Raumbeschränkung, denn am selbigen Abend, an dem das Massakrieren beginnen sollte, stellte sich zu dem, was für gewöhnlich die Gesindestube beherbergte, auch noch ein Aufgebot alter Weiber ein, vier oder fünf, die sonst als Wasch- oder auch als Jätefrauen ihr Dasein fristeten. Und nun begann das Opferfest. Immer spät abends. Durch die weit offenstehende Tür, geöffnet, weil es sonst vor Stickluft nicht auszuhalten gewesen wäre, schienen die Sterne in den verqualmten und durch ein Talglicht kümmerlich erleuchteten Raum hinein. Nächst der Tür aber, in einem Halbkreis, standen die fünf Schlachtpriesterinnen, jede mit einer Gans zwischen den Knien, und sangen, während sie mit einem spitzen Küchenmesser die Schädeldecke des armen Tieres durchbohrten, allerlei Volkslieder, deren Text in einem merkwürdigen Gegensatz sowohl zu dem mörderischen Akt wie zu der Trauermelodie stand. So wenigstens mußte man annehmen, denn die Mädchen, die auf der Bettkante saßen, begleiteten die Volkslieder mit unendlichem Vergnügen, ja die besonders traurig klingenden Stellen sogar mit Juchzen. Meine beiden Eltern waren sittenstreng, und es war oft die Rede davon, ob diesem frechen Treiben nicht Einhalt zu tun sei; schließlich aber hatte man den Kampf dagegen aufgegeben, und mein Vater, dem es schwante, daß dergleichen schon im Altertum vorgekommen sei, sagte, nachdem er nachgeschlagen: ‹Es ist eine Wiederholung alter Zustände, römische Saturnalien oder, was dasselbe sagen will, momentane Herrschaft der Dienenden über die sogenannte Herrschaft.› . . . Ich habe hier übrigens noch hinzuzufügen, daß die Schrecknisse dieser Gänseschlacht-Epoche mit der eigentlichen Schlachtnacht und den Trauermelodien keineswegs abgetan waren, sondern sich durch mindestens eine halbe Woche hin noch weiter fortsetzten. Diese Schlachtzeit war nämlich zugleich auch die Zeit, wo das aus Gänseblut zubereitete ‹Schwarzsauer› tagtäglich auf unseren Tisch kam, ein Gericht, das nach pommerscher Anschauung alles andere aus dem Felde schlägt. Auch mein Vater hielt es für seine Pflicht, sich dieser landestümlichen Anschauung anzuschließen und sagte, wenn die dampfende Riesenschüssel erschien: ‹Ah, das ist recht; davon eßt nur; das ist die schwarze Suppe der Spartaner, alles Saft und Kraft›, er selber aber suchte sich, geradeso wie wir, das Backobst und die Mandelklöße heraus und überließ die Kraftbrühe der Gesindeschaft draußen und vor allem den Schlacht- und Klageweibern, die sich durch ihre Bohrversuche den gegründetsten Anspruch darauf erworben hatten.»

Vater Fontane, Apotheker zu Swinemünde um 1830, hatte recht. Trotz Otto von Bamberg und aller ihm nachfolgender Mönche lebten unter der Schale des Christentums die heidnischen Bräuche fort, wie die Pommern es mit der christlichen Frömmigkeit nie so genau nahmen. Sie trugen diese Frömmigkeit als notwendiges Kleid nach außen, so wie man es ihren Vorfahren beigebracht hatte, sagten aber unter Umständen, wenn sie aus der Kirche kamen:

«Dei Düwel von einem leiben Gott, dei hätt mi doch werra nich seggt, wat ick daun soll. Hei dücht ook nix.»

Aber zurück zur heidnischen pommerschen Gans. Kapitolinisch war sie nicht. Sie hat keine der vielen Gefahren gemeldet, die bald von der See, vom Norden her, bald vom Land her, von Mitteldeutschland und Süddeutschland, auf Pommern zukamen. Selbst Gustav Adolf konnte unbemerkt von den Gänsen auf der Insel Usedom landen. Trotzdem bleiben hervorragende Eigenschaften. Vor allen Dingen ihre Knusprigkeit.

Auch ich mußte noch das Schwarzsauer essen, das aus ihrem Blut in Pommern hergestellt wird. Bevor es aber bei uns zum Gänsebraten kam – und es gab ihn nur einmal im Jahr, zu Weihnachten –, mußten wir uns durch Schwarzsauer und Gänseklein und alles andere, was eine Gans hergibt, bis zum Gänsebraten durchessen. Erst dann erschien er selbst auf dem Tisch. Ja, wir mußten uns schon Wochen vorher dieser Gans würdig erweisen.

«Wer seinen Hering nicht ißt, der kriegt auch zu Weihnachten keinen Gänsebraten. Merk dir das.»

Mir ist noch heute unklar, wer eigentlich die vielen Gänse aufgegessen hat, die bei uns auf den Stoppelfeldern herumliefen. Aber irgendwer wird sie wohl gegessen haben.

Im übrigen gab es bei uns Schweinefleisch, auch das nicht alle Tage, aber sonntags immer. Und damit wäre ich bei dem pommerschen Schwein, dem eigentlichen Hauptnahrungsmittel neben Hering und Kartoffel. Natürlich ist es ein besonderes Schwein, eine Rasse, die sonst nirgends vorkommt. Wahrscheinlich ist es gotischer Herkunft oder eine Kreuzung aus

Schweinen, die die Goten einerseits, die Wenden andererseits und die Niedersachsen zusätzlich mitgebracht haben. Ich weiß zwar nicht, ob die Goten schon Schweine besaßen, aber ich nehme es an, denn ich kann mir nicht vorstellen, daß jemand in Pommern ohne Schweinefleisch leben konnte. So entstand das unvergleichliche pommersche Schwein.

Mein Vater lehnte alle Schweine anderer Rassen ab. Wurde ihm ein solches angeboten, so sagte er:

«Dat is doch kein Schwin. Dat is jo ein Giraff.»

Meistens zog er seine Schweine selbst auf, pflegte eine erzieherische Freundschaft mit ihnen und war immer verstört, wenn das eine oder das andere geschlachtet werden sollte.

Das geschah wie mit den Heringen und den Gänsen im Spätherbst. An einem solchen Tag hatte mein Vater immer woanders etwas zu tun, in Wolgast, Anklam oder Pasewalk, und fuhr schon am frühen Morgen mit dem ersten Zug davon. Das Schlachten überließ er einem berufsmäßigen Schlächter und natürlich den Frauen, die ja auch schon zur Zeit der Goten alles machen mußten, was den Herrn zu hart ankam. Wie fast alle Pommern war er weichherzig. Kam er am Abend zurück, so aß er mit Vergnügen die Wurstsuppe, die Tollatsche, die Blutwürste, die ihm meine Mutter vorsetzte, und dachte wohl nicht mehr daran, daß alles, was in seinen Magen rutschte, Teile und Teilchen eines guten Freundes waren.

An einem solchen Tag rochen Küche, Wohnung, Haus, Hof, Wald, ja der halbe Ort nach Thymian, wie überhaupt der Thymiangeruch für mich mit der pommerschen Küche unlösbar verbunden ist. Es gab natürlich auch noch Majoran und andere Gewürze, ja, man kann sagen, an einem solchen Tag brach eine wahre Gewürzwut aus, und man mußte sich vorsehen, nicht selbst eine Prise ätzenden Gewürzes in die Augen oder in den Hintern zu kriegen. Die Würste, die aus solcher Würzerei hervorgingen, waren von unnachahmlichem Geschmack. Es gibt sie heute nicht mehr, und deswegen kann ich sie noch mehr loben, als ich sie sonst gelobt hätte. Wer jemals eine pommersche «Lungwurst» gegessen hat, der gibt die ganze französische Küche, falls er sie kennt und liebt, ohne Bedauern dafür auf.

War die große Würzerei zu Ende, dann verschwand alles vor unseren Augen. Die Würste kamen in den Räucherofen oder wurden weggeschlossen, und das Fleisch, mit Salz eingepökelt, versank in große Fässer, die in den tiefsten Keller geschoben wurden. Dann gab es neben den Heringen und sonstigen Fischen den ganzen Winter über folgende Gerichte: Spitzbein mit Erbsen, Eisbein mit Erbsen, Schweineohren mit Erbsen, Schweineschnauze mit Erbsen, Schweinebauch mit Weißkohl, und alles andere auch mit Weißkohl, und nur an hohen Feiertagen gab es Karbonade mit Rotkohl.

Natürlich gab es immer die unvermeidliche pommersche Kartoffel dazu, und damit bin ich bei dem vierten Hauptnahrungsmittel der Pom-

mern: der Kartoffel.

Die pommersche Kartoffel übertrifft jede andere Kartoffel, wo sie auch immer angebaut wird. Es ist zumindest keine bayrische Kartoffel. Die bayrische Kartoffel ist naß, zäh und matschig, gelb-grün, die pommersche Kartoffel aber ist weiß, mehlig und zergeht auf der Zunge. Sie ist von einer trockenen, herben Süße. Als Salzkartoffel hergestellt, kann sie einen Mann sein ganzes Leben lang ernähren, ohne daß dieser jemals die Lust auf sie oder den Geschmack an ihr verliert.

Sie ist friderizianischer Herkunft, und obwohl sich das Friderizianische für die Pommern auch nicht bewährt hat, diese Kartoffel hat sich bewährt. Als die Kartoffel von Friedrichs Gnaden ins Land kam und auf seinen Befehl angebaut werden sollte, wußten die Pommern natürlich nichts damit anzufangen. Sie kochten zuerst das Kartoffelkraut und bekamen alle den Durchfall davon, und ein pommerscher Durchfall hält lange an. Sie verwünschten ihren preußischen König ob dieses höchst fragwürdigen und anrüchigen Geschenks. Über die Schwierigkeiten, die für die Pommern mit der Einführung der Kartoffel entstanden, gibt es einen Bericht aus jener Zeit, von einem Julius von Wickede:

«Bei der Einführung der Kartoffel in unserer Gegend kamen nun so manche komische Szenen vor, daß sie mir stets im Gedächtnis geblieben sind, und ich es der Mühe werth gehalten habe, sie hier in unserer Familienchronik aufzuzeichnen. Da mein Vater in allem der erste Rathgeber der Bauern war, wie dies eigentlich jeder tüchtige Dorfpastor sein sollte, so kamen sie nun mit ihren Kartoffeln auf den Pfarrhof, um sie zu zeigen und sich Rath über deren Anbau und Behandlung zu holen. Das ganze Dorf kam bei uns zusammen. Besonders die Weiber zeigten sich nach ihrer Gewohnheit dabei am lebhaftesten und machten einen so gewaltigen Lärm, daß mein Vater ihnen zuletzt streng gebieten mußte, die Mäuler zu halten, wenn er sie nicht vom Hofe fortjagen solle. Auf einem Rittergut in der Nachbarschaft lebte eine adlige Wittfrau, die ihre Wirtschaft selbst mit großem Eifer leitete und sich für besonders klug hielt ... Diese adlige Wittfrau sagte zu sich: ‹Die Kartoffeln sind gewiß nur eine vornehme Frucht für die höheren Stände und nicht für das gemeine Volk berechnet. Die kleinen Äpfel an dem Kraute, in denen der Samen sitzt, sind gut, um Gelée, wie aus Quitten und Äpfeln, daraus zu kochen, und wenn man die getrockneten Blätter zerreibt, so kann man sicherlich einen Thee davon machen.› Gesagt, getan, und die kluge Wittfrau kochte aus den hellgrünen Samenäpfeln mit vielem Zucker eine Art Gelée und ließ die Blätter am Ofen trocknen und dann zerkrümeln, um Thee daraus zu machen. Und als

dies Alles geschehn war, gab sie eine große Gesellschaft, um ihre Gäste damit zu überraschen, auf welch kluge Weise sie die Kartoffel benutzt habe. Da gab es aber ganz verwunderte Gesichter, als die Gäste trotz des vielen Zuckers das schöne Kartoffelgelée nicht genießen konnten und auf den Tellern stehenließen, sowie der Thee aus den getrockneten Kartoffelblättern nicht viel anders schmeckte, als sei er aus Gras gekocht. Die kluge Wittfrau wurde viel ausgelacht und verspottet, daß sie auf so gescheidte Weise die Kartoffeln verwandt hätte, und ärgerte sich so sehr darüber, daß sie hoch und theuer versicherte, sie würde das gänzlich unnütze Zeug auf ihrem Gut nicht wieder anbauen, und wenn selbst Seine Majestät, unser König ... ihr dies befehle.»

Trotz dieser «Mißlichkeiten» gelang es den Pommern, aus ihrer Kartoffel etwas Einzigartiges zu machen, nämlich die pommersche Kartoffel. Schon ein oder anderthalb Jahrhunderte später ernährte ihre Kartoffel andere Landstriche mit. Natürlich essen Pommern neben Hering, Gans, Schwein und Kartoffeln auch noch anderes, vor allen Dingen Kohl, viel Kohl. Es gibt fast nichts, außer den Heringen und anderen Fischen, was nicht in Kohl oder mit Kohl zubereitet wird. Da sie Meister in der Kohlkocherei sind, haben sie neben den üblichen Kohlsorten, dem Weißkohl, dem Rotkohl, dem Grünkohl, dem Wirsingkohl, auch noch den Braunkohl, den Schmorkohl, den Kümmelkohl, den Mischkohl und, wie überall, den Sauerkohl.

Blähungen sind bei dieser Kohlesserei nicht zu vermeiden, aber, wie ich gehört habe, gingen die höheren Stände früher dazu vor die Tür. «Sie ließen einen ab», sagten die Pommern dazu. Was aber die niederen Stände, die große, überwiegende Mehrheit, in solchen Situationen taten, das ist mir nicht bekannt. Ich habe nur einen plattdeutschen Satz öfter in meiner Kindheit gehört, und der hieß:

«Wenn du furzen möst, dann go vor dei Dör.»

So versuchten sich die niederen Stände den höheren anzupassen, was aber nie oder nur selten gelang.

12. Kapitel

WENIG GENIES, DOCH VIELE ORIGINALE
BEDEUTENDE POMMERN

Die Pommern sind von natürlicher Offenheit. Sie wären nicht ohne Geist, wenn sie auf einer höheren Bildungsstufe ständen.

FRIEDRICH DER GROSSE

Ja, Ihr Herren Pommern seid doch recht freimütige oder wohl gar grobe Männer.

JOHANN WOLFGANG VON GOETHE
ZU EINEM POMMERSCHEN
ARTILLERIELEUTNANT

Ich habe mit Absicht das Wort «bedeutende» in dieser Kapitelüberschrift gewählt. Ich hätte auch «berühmte» sagen können. Aber nicht jeder, der bedeutend ist, ist auch berühmt, und nicht jeder, der berühmt ist, ist bedeutend. Das gilt besonders für die Pommern.

Es gibt viele bedeutende Pommern, von denen niemand etwas weiß. In Pommern galt nicht die Regel, daß auf jeden Schlegel ein Hegel folgt. Dafür haben die Pommern sehr viel mehr Originale hervorgebracht als etwa die Schwaben, die sich so viel auf ihre «Genies» zugute halten. Weder von Kiesinger (Kurt Georg) noch von Schiller (Friedrich) kann man sagen, daß sie Originale sind oder waren. In Pommern aber war jeder zweite oder dritte ein Original, und wären sie alle berühmt geworden, so hätten sie neben der deutschen auch noch die schwedische Geistesgeschichte mit bevölkert. Daß es nicht so kam, lag lediglich an der niedrigen Bildungsstufe, auf der sie standen. Friedrich der Große hat recht, wenn er meint, ohne höhere Bildungsstufe gebe es keinen Geist. Nur hat er selbst und haben alle seine Nachfolger nur wenig getan, dieses niedrige Bildungsniveau zu verändern. Sie schickten ihre ausgedienten preußischen Unteroffiziere in die pommerschen Volksschulen, und was die hinterließen, war das Einmaleins, das Alphabet und das Exerzierreglement. Im übrigen aber regierte der Rohrstock. Noch weniger kümmerten sich ihre Vorgänger, die vielen brandschatzenden und plündernden Herren, um den Bildungsstand der Pommern.

Jener pommersche Leutnant, der auf dem Feldzug in Frankreich Goethe kennenlernte, staunte über dessen bildungsreiche Reden, wagte aber erst etwas zu sagen, als dieser sich auch ausführlich über das Artilleriewesen ausließ.

«Davon verstehen Sie auch nicht das mindeste», sagte der Pommer, gab aber zu, daß er von allem anderen, von dem der Herr Legationsrat gesprochen hatte, auch nichts verstehe.

Auf dem Weg über die Artillerie und andere Waffengattungen haben wir Pommern denn auch einige Berühmtheiten hervorgebracht, den Kriegsminister Roon zum Beispiel, und Generäle, Feldmarschälle, aber auf allen anderen Gebieten sieht es bescheidener aus. Gewiß, rechnet man die zwei Millionen Pommern, die es gab, gegen die sieben Millionen Bayern auf, dann stehen die Pommern mit ihren Berühmtheiten kaum zurück. Wo sich aber dennoch Lücken ergeben sollten, können wir unsere Originale einsetzen, denn ein Pommer wiegt an Originalität zwei Schwaben, Bayern oder Rheinländer auf. Sollten trotzdem Minderwertigkeitskomplexe zurückbleiben, so rate ich, einfach jene vielen pommerschen Originale mitzuzählen, die nicht berühmt wurden und von denen niemand etwas weiß. Bedeutend waren sie auf jeden Fall.

Wenn wir von der Gegenwart sprechen, können wir auf dem Gebiet der Literatur sofort mit zwei Namen beginnen, deren Träger pommerschen Ursprungs sind. Ich überlasse es dem Leser, ob er bei der Lektüre ihrer Bücher jene Originalität herausfindet, von der ich hier so rühmend gesprochen habe.

Der eine ist ein Vorpommer und der andere ein Hinterpommer. Wolfgang Koeppen wurde in Greifswald geboren und Uwe Johnson in Cammin. Der eine schreibt eine vorzügliche Prosa, und auch der andere schreibt eine vorzügliche Prosa, ja, ich vermute, daß der Stil des Uwe Johnson nur aus Hinterpommern, der des Wolfgang Koeppen aber nur aus Vorpommern heraus zu erklären ist. Ich gebe zu, die Unterschiede sind groß, aber sie beweisen die stilistische Spannweite Pommerns, obwohl der Weg von Cammin in Hinterpommern bis Greifswald in Vorpommern nicht einmal hundert Kilometer beträgt. Wer sich die Mühe macht, geht bei der Lektüre mit Uwe Johnson in Hinterpommern spazieren, ganz gleich, ob sein Roman in New York oder sonstwo spielt, und wer mit Wolfgang Koeppen in Rom herumläuft, sieht dieses Rom mit vorpommerschen Augen. Das eine wie das andere liegt nicht ohne weiteres auf der Hand. Es ist schwierig herauszufinden. Eines aber steht fest: Beide Schriftsteller sind Pommern, beide haben eine bedeutende Rolle in der deutschen Nachkriegsliteratur gespielt und spielen sie noch.

Ich weiß nicht, ob die literarische Arbeit dieser beiden Schriftsteller von einem anderen beeinflußt wurde, aber ich kann es mir vorstellen. Auch Alfred Döblin wurde in Pommern geboren. Er ist Stettiner. Sein Roman «Berlin Alexanderplatz» hat bis heute seine Wirkung auf die deutsche Literaturentwicklung nicht verloren. Dasselbe kann man nicht von Hans Fallada sagen, aber in den zwanziger Jahren waren seine Romane Bestseller. Man denke nur an «Wer einmal aus dem Blechnapf frißt». Fallada wurde in Greifswald geboren. Ich könnte nun beliebig fortfahren und alle Schriftsteller aufzählen, die es in diesem Jahrhundert gegeben hat und die in Pommern geboren wurden, von Ehm Welk («Die Heiden von Kummerow») bis zu Artur Brausewetter, Georg Engel, Hans Benzmann, Karl Strecker und so fort. Aber das würde zu weit führen.

Wichtiger scheint mir zu sein, daß, entsprechend dem Hinterherhinken Pommerns, die Palette ärmer an Farben wird, je weiter man zurückgeht. Es gibt noch Carl Ludwig Schleich, der sich für ein Originalgenie aller Kunstarten hielt und dessen Buch «Besonnte Vergangenheit» auch heute noch gelesen wird, aber weder in der Klassik noch in der Romantik treten pommersche Schriftsteller besonders hervor. Zweihundert Jahre nach dem Dreißigjährigen Krieg liegt das Land noch immer in einer tiefen Agonie. Gewiß, es gibt Ernst Moritz Arndt, den man so oft nur als den singenden Vater der Befreiungskriege sieht, den Donnerer gegen Napoleon, der umwölkt vom Dampf der Geschütze den Sohn des Satans bekämpft. Eine später nur noch nationalistische Propaganda hat seine Gesichtszüge oft bis zur Unkenntlichkeit verzerrt. Im Geist seiner Zeit war er ein fortschrittlicher Mann. Selbst der Sohn eines Freigelassenen, hat er mit seiner Schrift «Versuch einer Geschichte der Leibeigenschaft in Pommern und Rügen» viel zur Aufhebung der Leibeigenschaft getan, und der nachfolgende Satz hätte, über hundert Jahre später, jenen zur Mahnung dienen können, die wieder einem Wüterich nachliefen:

«Du sollst den Frieden begehren, aber die Welt begehret den Krieg, du sollst den Frieden lieben, aber die Welt hasset die Ruhe. Darum, weil das Böse ist, ist der Krieg, und weil wir so nichtig sind, darum ist das Übel. Wehe aber dem Manne, der nach unschuldigem Blut dürstet, der unschuldige Völker zu unterdrücken trachtet! Seine Bosheit fällt auf seinen Kopf zurück, und Gott im Himmel wird den Wüterich strafen!»

Aber Ernst Moritz Arndt wollte nicht nur ein Pommer, nicht nur ein Deutscher, er wollte Europäer sein, und wenn ich spöttisch wäre, könnte ich sagen, er sah den europäischen Agrarmarkt und die Montanunion voraus: «Weise Vorsehung/Welche das Alte vernichtet/Damit das Neue werde/Welche bloß einzelne Ruinen übrig lässet/Deren Anblick die

Nachwelt erinnere / Daß sie mehr tun soll / Als gedankenlos auf ihnen grasen / Europa, das sich so kindisch lange mit Blut befleckt hat / Bilde sich in Gemeinschaft zur Menschheit.»

Sozialrevolutionäre Schriftsteller gab es auch nach Ernst Moritz Arndt in Pommern. Karl Rodbertus, in Greifswald geboren, war mit seiner Schrift «Die Forderungen der arbeitenden Klassen» einer der ersten Theoretiker des Sozialismus in Deutschland. Er stand Ferdinand Lassalle nahe und gründete in Greifswald 1847 den «Baltischen Zweigverein für das Wohl der arbeitenden Klassen». Sein Parteifreund Lothar Bucher brachte Ferdinand Lassalle und Bismarck zusammen und wurde nach Jahren revolutionärer Tätigkeit, nach Verurteilung zu 15 Jahren Festung, Flucht und Emigration schließlich ein enger und vertrauter Mitarbeiter Bismarcks. Seine Entwicklung ist charakteristisch. Aus fast allen pommerschen Revolutionären wurden später bedachtsame Konservative, bis auf Robert Prutz, den Mitarbeiter der «Halleschen Jahrbücher», ebenfalls in Stettin geboren. Arnold Ruge aber, der Herausgeber der «Halleschen Jahrbücher», in Bergen auf Rügen geboren, der noch 1843 in Paris mit Karl Marx zusammen die «Deutsch-Französischen Jahrbücher» herausgab, bekam später einen Ehrensold des Deutschen Reiches und wurde das, was man damals «reichsfromm» nannte.

Sie alle waren «unruhige Pommern», dachten und schrieben fortschrittlich, liberal, sozialistisch, kapitulierten jedoch im Laufe der Zeit vor einem anderen, der sich gern einen «Pommern» nannte, es vielleicht auch gern gewesen wäre, aber es nicht war: Bismarck.

Einer blieb jedoch bei seinem revolutionären sozialistischen Leisten, und zwar der 1846 in Schlawe geborene Schriftsteller und Politiker Franz Mehring. Seine Schriften «Die Lessing-Legende», «Karl Marx» und die «Geschichte der deutschen Sozialdemokratie» spielten noch in meiner Jugend eine Rolle. Er war zeitweise so etwas wie der Theoretiker der Sozialdemokratie.

Trotz dieser sozialrevolutionären und literarischen Schriftsteller – und die Liste der Namen ließe sich beliebig verlängern – muß man zugeben, daß wir keinen Johann Wolfgang Goethe, keinen Friedrich Schiller, keinen Clemens Brentano und keinen Friedrich Schlegel hervorgebracht haben.

Aber wenn schon Lokalpatriotismus sein muß, und hier soll er sein, dann läßt sich diese Lücke wenigstens für die Zeit der Romantik teilweise ausfüllen, nicht auf dem Gebiet der Literatur, sondern auf dem Gebiet der Malerei. Wo die Feder versagte, rettete uns der Pinsel. Man kann auch sagen: Pommern malte, als andere schrieben. Tatsächlich ist die Feststellung berechtigt: ohne Pommern keine romantische Malerei.

Caspar David Friedrich wurde in Greifswald geboren und Philipp Otto Runge in Wolgast, und beide Städte standen zu ihrer Zeit noch unter schwedischer Oberhoheit.

Was die Pommern in die Arme der Romantik trieb, ist schwer feststellbar. An sich sind sie keine Romantiker, sondern Realisten. Aber da waren die Strömungen jener Zeit: Romantik hier, Romantik dort, und da ist die vorpommersche Landschaft – Meer, Steilküste, Kreidefelsen, Seen, das Haff, das Achterwasser, Flüsse, Meeresarme und Häfen –, und diese Landschaft ist romantisch. Auch ein Realist kann sie nicht anders sehen, und beide Maler waren wohl auch, sieht man genau hin, realistische Romantiker oder romantische Realisten. Im Unendlichen sahen sie noch das Endliche und im Endlichen das Unendliche. Bezeichnend für sie ist ein Bekenntnis von Philipp Otto Runge:

«Wenn der Himmel über mir von unzähligen Sternen wimmelt, der Wind saust durch den weiten Raum, die Woge bricht sich brausend in der weiten Nacht, über dem Walde rötet sich der Äther, und die Sonne erleuchtet die Welt; das Tal dampft, und ich werfe mich im Grase unter funkelnden Tautropfen hin, jedes Blatt und jeder Grashalm wimmelt von Leben, die Erde lebt und regt sich unter mir, alles tönt in einem Akkord zusammen, da jauchzt die Seele laut auf und fliegt umher in dem unermeßlichen Raum um sich, es ist kein Unten und kein Oben mehr, keine Zeit, kein Anfang und kein Ende, und ich höre und fühle den lebendigen Odem Gottes, der die Welt hält und trägt, in dem alles lebt und wirkt; hier ist das Höchste, was wir ahnen – Gott. Dieses tiefe Ahnen unserer Seelen, daß Gott über uns ist, daß wir sehen, wie alles entstanden, gewesen und vergangen ist, wie alles entsteht, gegenwärtig ist und vergeht um uns, und wie alles entstehen wird, sein wird und wieder vergehen wird, wie keine Ruhe und kein Stillstand in uns ist; diese lebendige Seele in uns, die von ihm angegangen ist und die zu ihm kehren wird, die bestehen wird, wenn Himmel und Erde vergehen, das ist das deutlichste Bewußtsein unserer selbst und unserer eigenen Ewigkeit.»

Erstaunlicher als die vielen Maler, die es in der Nachfolge von Caspar David Friedrich und Philipp Otto Runge in Pommern gab und auch heute noch in Vorpommern (jetzt Mecklenburg) gibt, ist etwas anderes.

Es ist die große Zahl an Schauspielern, die aus Pommern kamen.

Warum gerade so viel Schauspieler, so fragt man sich, die Pommern sind doch schwerfällig, ernst, amusisch, und es fehlt ihnen das Talent, sich zu verstellen. Nach allen Überlieferungen ist ein Pommer ganz und gar unfähig, in einen anderen Menschen hineinzukriechen und sich selbst zu verleugnen. Ein Pommer sagt, was er denkt, steht, wo er steht, schlägt, wo zugeschlagen werden muß, und ist eben immer, was er ist: ein Pommer. Wie soll er sich in Charley's Tante, in einen Götz von Berlichingen, in einen Franz Moor verwandeln können?

Ich fürchte, dies ist ein hinterpommersches Märchen, erfunden vielleicht von den Junkern, die sich so sahen oder sehen wollten: aufrecht, hart, wahrheitsliebend, recht- und geradeaus denkend, und die dieses Pommernporträt nicht für sich selbst, sondern auch für alle ihre Untertanen und somit für fast alle Pommern verbindlich machten. Es stimmt trotzdem nicht. Genau diesem dauernden Bevormunden verdanken die Pommern ihr schauspielerisches Talent. Es wurde ihnen im Laufe einer langen Geschichte anerzogen. Mit jedem neuen Herrn wechselten sie die Kleider, mit jedem neuen System ihre Überzeugungen und mit jedem neuen Sittenkodex auch das Äußere ihres Charakters. So lernten sie es, sich zu verstellen und andere zu sein, als sie waren. Ein Pommer in schwedischer Montur mußte den Schweden spielen und ein Pommer in preußischer Montur den Preußen. Sie mußten sich immer bücken, um am Leben zu bleiben.

Gewiß blieben die Grundeigenschaften, dem Kotau gegenüber dem hohen Herrn folgte das Lachen hinter seinem Rücken. «So ein Dömmelsack», sagten sie dann, drehte sich der hohe Herr aber noch einmal um, so schlüpften sie sofort wieder in die Rolle des Untergebenen hinein. Zu viele von ihnen hatten das «Sich-nicht-verstellen-können» mit Nachteilen oder in vielen Fällen auch mit dem Tode bezahlt. Ein Pommer ist nicht sehr lernbegierig, aber er lernt alles, wenn es notwendig ist. Außerdem waren die Pommern immer arm, wurden von den anderen, besonders den Preußen, über die Achsel angesehen und fühlten sich zurückgesetzt. Auch dies kann zu dem Wunsch beigetragen haben, in die Rolle anderer oder eines anderen zu schlüpfen, gleichsam etwas anderes und vielleicht Besseres zu werden, als man war.

So etwa kann die Neigung zur Schauspielerei entstanden sein, die so viele Pommern zur Bühne trieb. Ich weiß, dies ist eine gewagte Theorie, aber wer Erklärungen sucht, der findet sie auch, und ich meine – man mag mir widersprechen –, dies ist die Erklärung. Auf jeden Fall ist Talent vorhanden. Das beweisen Heinrich George, Paul Dahlke, Berta Drews, Peter van Eyck, Claus Biederstaedt, Monika Dahlberg und Ellen Schwiers, eine Reihe von Namen, die sich fortsetzen ließe.

Als Jürgen Fehling von Heinrich George sagte: «Er tanzt wie ein mozärtlicher Elefant», da sprach er alle Pommern an, denn tatsächlich, ganz Pommern konnte wie ein mozärtlicher Elefant tanzen, wenn es wollte. Es wollte nicht immer, aber wenn es wollte, schaffte es auch die Bretter, die einmal die Welt bedeuteten. Scharenweise zogen die Pommern etwa zur Zeit der Weimarer Republik, aber auch schon vorher, nach Berlin, um dort ihr Glück zu versuchen, und viele hatten Glück, wie etwa die Wiener, die von der anderen Seite heranzogen.

Ob die Pommern musikalisch sind, weiß ich nicht. Überaus musikalisch können sie nicht gewesen sein. Außer dem Balladenkomponisten Carl Loewe in Stettin ist mir kein nennenswerter Komponist bekannt. Musizierende Pommern trifft man seltener als etwa musizierende Österreicher.

Die einzigen musikalischen Pommern, die ich kennengelernt habe, waren Fischer. Sie spielten auf ihren Quetschkommoden gegen Wind und Wetter an, waren mehr für Wogengeprall als für Donnerhall und holten aus ihren Instrumenten um so mehr heraus, je höher die Wogen gingen. Sie liebten das Sentimentale, das Tragische, und in ihren Liedern starb alles dahin: der Reitersmann, die Liebe, die Sehnsucht, der Negersklave und natürlich der Seemann, der sich seine Kehle nach der verlorenen Heimat heiser schrie.

Spielte einer von ihnen falsch, so sagte der andere:

«Du spälst schon werra falsch.»

Darauf sagte der andere zu dem einen:

«Wenn ick falsch späl, dann späl doch allein.»

Dann spielte jeder für sich und für eine Weile allein, wodurch das jeweilige Lied einerseits an atonalem Reiz gewann, andererseits aber auch seinen melodischen Charakter völlig verlor. Aber schon das nächste Lied spielten sie wieder zusammen.

«So, und jetzt ‹Waldeslust›.»

Dann spielten sie «Waldeslust» bis zu jenem Punkt, an dem wieder etwas nicht stimmte, und der eine oder andere sagte:

«Wat spälst du bloß tausammen. Du kannst jo gor nich spälen.»

So etwa habe ich die musikalischen pommerschen Fischer kennengelernt, aber das sagt fast nichts über ihre Bedeutung aus. Bedeutende Originale waren auch sie, und vielleicht steckte in dem einen oder dem anderen doch ein kleiner Mozart oder Beethoven. Wer will das, wie man in Pommern sagt, glattweg verneinen?

Es bleiben einige bedeutende Einzelgänger nachzutragen, der Post-Stephan etwa, der in Hinterpommern geboren wurde. Er machte eine auch für seine Zeit höchst bemerkenswerte Karriere: Schneidersohn, Postschreiber, Postsekretär, Postrat, Vortragender Rat, Generalpostdirektor, Minister, und schließlich wurde aus dem Heinrich Stephan ein Heinrich von Stephan. Er schuf aus den alten Landesposten zuerst eine Norddeutsche Post, dann eine Deutsche Post, dann den Europäischen Postverein und zuletzt den Weltpostverein. Man sieht, in Pommern bringt selbst die Post bedeutende Leute hervor. Bemerkenswert ist, daß dieser Postmensch es fertigbrachte, bei jeder Gelegenheit gegen die Politik seiner Obrigkeit (Bismarck) aufzumucken, was man von allen seinen postalischen Nachfol-

gern, ganz gleich, aus welchen Teilen Deutschlands sie kamen, wohl nicht mehr sagen kann.

Bismarck hatte es überhaupt nicht so leicht mit seinen Pommern. Je bekannter und berühmter sie waren, um so mehr neigten sie zur Opposition. Rudolf Virchow, in Schievelbein geboren, war nicht nur ein großer Arzt und einer der ersten Sozialhygieniker der Welt, sondern auch ein leidenschaftlicher Politiker und einer der heftigsten Opponenten Bismarcks.

Er war das, was man zu jener Zeit einen Freisinnigen nannte, und wenn er in dem damaligen Reichstag aufstand, sprach ein Mann von unerbittlicher Nüchternheit. Er fiel nicht um wie die pommerschen sozialrevolutionären Schriftsteller, die im Alter Mit- und Nachläufer Bismarcks wurden. Erst durch ihn wurde das pommersche Greifswald zu dem berühmten Zentrum medizinischer Forschung. Für mich war er einer der vorbildlichsten Pommern, eine Ansicht, die nicht jedermann teilen muß. Jedoch: wären alle Pommern «Virchows» gewesen, so wäre «Pommerland» vielleicht nicht wiederum abgebrannt. Auch das ist, ich weiß es, eine gewagte Behauptung. Bedeutende Einzelgänger gab es in Pommern viel. Auch der erste Flieger war ein Pommer. Er flog noch nicht weit. Über 250 Meter kam er mit seinen Gleitflügen nicht hinaus, aber immerhin erfolgten diese Versuche vor dem Flug der Gebrüder Wright. Otto Lilienthal wurde 1848 in Anklam geboren. Aus seinen Versuchen entstand das erste Standardwerk des Segelfluges: «Der Vogelflug als Grundlage der Fliegerkunst».

Um das Maß an bedeutenden Leuten voll zu machen, könnte ich hier noch alle Auch-Pommern erwähnen, also jene, die nicht in Pommern geboren wurden, sich hier aber beheimatet fühlten oder in Pommern arbeiteten, bauten oder sonst etwas trieben. Zu ihnen gehören höchst widerspruchsvolle und unterschiedliche Leute: Wernher von Braun, Gerhart Hauptmann, Adolf Hitler. Auch diese Reihe ließe sich beliebig fortsetzen, etwa bis Willi Fritsch und Lilian Harvey, die, wie viele andere – Schauspieler, Dichter, Maler, Schriftsteller und nicht zuletzt Politiker – Jahr für Jahr an den pommerschen Ostseestrand kamen. Aber sie waren Landfremde und keine Pommern. Immerhin tat Hitler im Lazarett zu Pasewalk jenen berühmt-berüchtigten Ausspruch: «Und da entschloß ich mich, Politikerrr zu werrrden.» Ob ihn die Stadt Pasewalk zu diesem Ausspruch veranlaßt hat, ist heute nicht mehr festzustellen. Ich will es nicht hoffen, denn dieser Entschluß eines Österreichers in Pommern kam nicht nur die Pommern teuer zu stehen. Nicht so teuer (bis auf die Bombardements der Insel Usedom) kam die Pommern Wernher von Braun zu stehen. Ja, vielleicht könnten die Pommern sogar stolz darauf sein, daß ausgerechnet Peenemünde auf Usedom der Pionierbahnhof für die Weltraumfahrt wurde. Wären die Pommern großkotzig vermessen, was sie nicht sind, so könnten sie vielleicht sagen: Ohne unser Pommern kein Niel Armstrong auf dem Mond. Doch was wußten sie schon von der Raketenschießerei in Peenemünde. Nichts, gar nichts. Nicht einmal ich, der ich nur wenige Kilometer von Peenemünde entfernt zu Hause bin, habe diese «Bumserei» mit der Entwicklung der Raketentechnik in Verbindung gebracht. Für uns, die Bewohner dieser schönen Insel, war es immer die Marineartillerie, die sowieso ihre überflüssigen Granaten übungsweise Tag für Tag und Nacht für Nacht aufs Meer hinausschoß. Es war eben ein militärisches Geheimnis, dessen Enthüllung man den siegreichen Russen vorbehielt. Was aber (damals noch unbekannt) Wernher von Braun in Peenemünde, das war

Gerhart Hauptmann auf Hiddensee, der dort goetheähnlich Sommer für Sommer seine literarischen Zirkel hielt. Hier Raketentechnik und dort Literatur. Aber, wie schon gesagt, Pommern waren sie alle nicht. Auch Bismarck, der auf seinem Gut Varzin in Hinterpommern seine Wochenenden verbrachte, wurde in der Mark geboren, und man kann ihn beim besten Willen nicht zum Pommern machen: er war ein Preuße.

Schwieriger ist es mit Theodor Fontane. Er kam mit sechs Jahren nach Swinemünde, wuchs dort auf, ging dort zur Schule und verbrachte seine ganze Jugend zwischen Oder und Ostseeküste. Es ist meine nähere Heimat. Zwar besuchte ich in Swinemünde nicht die Schule, ging aber dort in die Lehre. Insofern ist die Versuchung groß, Fontane für einen Swinemünder zu halten. Aber auch er wurde in der Mark geboren. Trotzdem: in keiner Prosa des neunzehnten Jahrhunderts findet sich pommersche oder besser vorpommersche Mentalität so ausgeprägt wieder wie bei Theodor Fontane. Für mich ist er ein Pommer, ja sogar ein Usedomer. Objektiv gesehen, bleibt er ein Preuße, was von seinen Vorfahren her auch nicht stimmt: sie waren Hugenotten, also Franzosen.

Man sieht, wie schwierig es ist, sich seine bedeutenden Landsleute zusammenzusuchen. Es ist auch unwichtig, wo Fontane hingehört: er bleibt immer Theodor Fontane. Überlassen wir ihn also den Brandenburgern-Preußen, denn allzuviel Lokalpatriotismus verdirbt den Charakter. Um aber die Wahrheit zu sagen: in diesem Fall fällt mir das Überlassen schwer.

Wem in dieser «Zusammenfassung bedeutender Pommern» noch der eine oder der andere fehlt, der mag ihn sich selbst nachtragen.

Es gibt natürlich noch meinen Großvater, Fritz Knuth, Fischer und Katenbauer, der alle Pommern für schlechte Schweden, schlechte Preußen, schlechte Deutsche und für miserable Pommern hielt. Er nannte sie kurz: «dat Gesochs». Er sprach zum Schluß seines Lebens mit niemandem mehr, außer mit sich selbst. Ging er auf der Straße, so konnte man aus sicherer Entfernung etwa folgende Worte verstehen:

«Dei Dunnerlüchting.»

«Dei Düwel.»

«Dei ull Zickenbuck.»

In diesen Dialogen, die er mit sich selbst führte, wurden alle zu seiner Zeit führenden Preußen und Reichsdeutsche zu infamen Teufeln und alten Hurenböcken, die zu ersäufen die tiefste Stelle der See gerade gut genug war.

War vielleicht auch er: ein bedeutender Pommer?

13. Kapitel

ICH SEHE, DU GLAUBST NICHT AN JESUM CHRISTUM
WIE ES DIE POMMERN MIT DER RELIGION HIELTEN

Die Pommern sind die Gascogner Deutschlands.

KURT HEUSER

O Gott, wat büst du förn'n Gott!
Den einen giwwst du Stadt und Land,
Den annern bloß'n Stock in de Hand.

POMMERSCHE WEISHEIT

Denn die Ordensherrn hetten keine Eheweiber; darumb graseten sie umbher, daß sie sich sonst behalfen, schendeten der Undertanen Weiber und Kinder und hetten darin wider des Adels oder der Burger oder der Pauren kein Scheuen. Und wer es erduldet, der hette Frieden, wer es aber nicht wollte erdulden, da waren fort Ursachen: nach dem Torm und das Haupt ab oder zum Lande hinaus oder aufs eußerste beschindet und beschatzet.

AUS «POMERANIA»,
EINER CHRONIK
AUS DEM 16. JAHRHUNDERT

Ich weiß nicht, ob die Pommern fromm waren, aber ich meine, sie waren es nicht. Man wird mir hier sofort widersprechen. Im allgemeinen gilt der Pommer als kirchengläubig, gottesfürchtig, ehrpußlig, pietistisch und puritanisch. Und genau das war er nicht. Ich jedenfalls kann die mir bekannten Pommern, die jeden Sonntag mit dem «Evangelischen Gesangbuch» unter dem Arm in die Kirche liefen, an den Fingern einer Hand abzählen. Gingen solch Fromme so ausgerüstet an unserem Haus vorbei, so sagte meine Mutter meistens, ihnen mißtrauisch nachsehend:

«Da gehen sie wieder, die Scheinheiligen. Die sind keine drei Groschen wert.»

Es war wohl das tiefe Mißtrauen gegenüber jeder Kirchengläubigkeit, das meine Mutter zu dieser Abwertung veranlaßte. Dieses Mißtrauen habe ich oft in Pommern getroffen, und ich meine, es ist auf eine lange, ja jahrhundertealte Erfahrung zurückzuführen. Wie man es auch immer sieht, das Christentum wurde die Pommern nicht gelehrt, sondern ihnen eingebleut. Das begann mit dem Schwert der Ordensritter im 13. und 14. Jahrhundert und mit dem Landraub der Mönche und hielt bis zum Rohrstock in meiner Jugend an. Immer war in Pommern das Christentum die Zuchtrute der Macht. Das hat nichts mit dem Christlichen zu tun, wohl aber mit dem Mißbrauch des Christlichen. Noch zu meiner Zeit konnte ein Pastor im Konfirmandenunterricht zu einem seiner Zöglinge sagen:

«Ich sehe, du glaubst nicht an Jesum Christum. Komm mal raus aus deiner Bank, mein Junge. Ich werde dir mal die Hosen strammziehen.»

Hatte der Junge seine zehn Hiebe auf das Gesäß erhalten und war in seine Bank zurückgekehrt, so kam die Frage:

«Wer ist unser Jesus Christus? Nun, sag es mal, Labahn. Jetzt wirst du es ja wissen.»

«Unser Herr und König», schrie dann der Junge und heulte dabei so laut, daß die Kacheln am Ofen zitterten. Das störte den Pastor keineswegs. Je größer das Geheule, um so näher war man dem lieben Gott. Hosenstrammziehen und Christentum gingen bei dieser Art des Religionsunterrichts in den Köpfen der Kinder eine so enge Verbindung ein, daß niemand mehr das eine von dem anderen unterscheiden konnte. Hatten diese Kinder die Volksschule hinter sich, so suchten sie nie wieder die Kirche auf, ganz gleich, ob es Jungen oder Mädchen waren. Nur das Obligatorische wurde kirchlich erledigt: die Hochzeit, die Taufe, die Beerdigung.

Immer war der Pastor der Stellvertreter eines rächenden und zürnenden Gottes und gehörte, von unten gesehen, der Obrigkeit an, etwa der Kaste der Landräte oder ähnlich Hochgestellter.

Jenes Mißtrauen aber, von dem ich eingangs gesprochen habe, ist wahrscheinlich darauf zurückzuführen, daß weder die Ordensritter noch die Mönche, also jene, die das Christentum nach Pommern brachten, keine oder nicht immer christliche Vorbilder waren. Sie kamen als Kolonisatoren und als Wegbereiter des Christentums, zwei Dinge, die sich schlecht miteinander vertragen. So ist der Rohrstock des pommerschen Pastors nichts anderes als das verlängerte Schwert der Ordensritter, mit dem man den «kleinen süßen Heidenkindern» den Glauben beibrachte.

Wie die Deutschen Ordensritter mit den Hinterpommern umgingen, das kann man in jeder pommerschen Chronik nachlesen: christlich war das nicht. Sie kolonisierten, ordneten, bauten zwar, aber sie nahmen auch, was sie bekommen konnten, und sie enteigneten, was ihnen geeignet erschien. Auf dem Gebiet der Enteignung jedoch waren ihnen die Mönche noch überlegen. Sie benötigten nicht einmal das Schwert, um zu ihren Besitzungen zu kommen. Es genügte das «allgemeine Seelenheil» oder das «bessere Jenseits», das Fegefeuer, die Hölle oder die Allgegenwart des rächenden Gottes. Die Pommern waren bereits so eingeschüchtert, daß sie auf dem Sterbebett alles unter dem Druck der Mönche hergaben, was sie

besaßen. Gewiß, es waren Geschenke, aber was für Geschenke: Höfe, Ländereien, ganze Dörfer.

Als die bettelarmen Mönche auf die Insel Usedom kamen, gründeten sie dort am Eingang des Usedomer Sees zum Haff ein Kloster, das sich Kloster Groben nannte. Da die Ureinwohner ihnen zuerst widerstanden und von ihrem Christentum nicht viel wissen wollten, mußten sie sich selbst ernähren. Je mehr sie aber an Einfluß gewannen, um so mehr entwickelte sich bei ihnen das, was die Usedomer die christliche Völlerei nannten.

Solange diese Mönche sich ihre Fische noch selbst fangen mußten, kamen in jedem Jahr zwei Störe an ihrem Kloster vorbei. Ich weiß nicht, wer das nachfolgende Gedicht geschrieben hat. Ich kenne es, weil mein ältester Bruder es mir immer wieder aufsagte, wenn wir zum Kloster Pudagla gingen, und so blieb es in meinem Kopf hängen.

Es war das Kloster Grobe im Lande Usedom,
Das nährte Gott vor Zeiten aus seiner Gnade Strom.
Sie hätten sich sollen begnügen.
Es schwammen an der Küste, daß es die Nahrung sei,
Den Mönchen in dem Kloster jährlich zwei Fisch herbei.
Sie hätten sich sollen begnügen.
Zwei Störe, groß, gewaltig, dabei war das Gesetz,
Daß sie nur fangen dürften den einen Fisch im Netz.
Sie hätten sich sollen begnügen.
Der andre schwamm von dannen bis auf das nächste Jahr.
Dann bracht' er einen neuen Gesellen mit sich dar.
Sie hätten sich sollen begnügen.
Da fingen wieder einen sie sich für ihren Tisch,
Sie fingen regelmäßig jahraus, jahrein den Fisch.
Sie hätten sich sollen begnügen.
Einst kamen zwei so große in einem Jahr herbei.
Schwer ward die Wahl den Mönchen, welcher zu fangen sei.
Sie hätten sich sollen begnügen.
Sie fingen alle beide, den Lohn man da erwarb,
Daß sich das ganze Kloster den Magen dran verdarb.
Sie hätten sich sollen begnügen.
Der Schaden war der kleinste, der größte kam nachher.
Es kam nun gar zum Kloster kein Fisch geschwommen mehr.
Sie hätten sich sollen begnügen.
Sie hat so lange gnädig gespeiset Gottes Huld.
Daß sie nun des sind ledig, ist ihre eigene Schuld.
Sie hätten sich sollen begnügen.

Aber die Mönche begnügten sich nicht. Sie wollten nicht nur die zwei Störe, sie wollten mehr. Als die Einwohner von Usedom sich allzu stur zeigten und auch keine gebratenen Störe den Mönchen mehr auf den Tisch flogen, gaben sie das Kloster Groben auf, angeblich, weil der Lärm des Fischmarkts sie beim Beten störte und auch der furchtbare Gestank dieses Marktes für einen Christenmenschen nicht zu ertragen sei. Sie gründeten das Kloster Pudagla, wenige Kilometer hinter der Ostküste, und von hier aus brachten sie im Laufe eines Jahrhunderts fast die ganze Insel Usedom in ihren Besitz. Es gehörten ihnen kurz vor der Reformation nicht nur große Ländereien, es gehörten ihnen auch die Dörfer Stoben, Labömitz, Katschow, Görke, Kutzow, Bossen, Gummelin und Krienke, dazu die gesamte Fischerei in fast allen Gewässern und sogar die freie Holzabfuhr. Den Einwohnern, Wenden wie zugereisten Niedersachsen, blieb fast nichts. Die Mönche bedienten sich bei dieser Inbesitznahme nicht nur des «Seelenheils», sondern auch des Betrugs, wofür es Dokumente gibt. Die wenigen Adligen, die es auf der Insel Usedom gab, hatten bald nichts mehr zu sagen.

Wie diese Mönche gelebt haben, zeigt die Inschrift auf dem Pokal eines Klosters aus dieser Zeit. Der Pokal befand sich einmal im Landesmuseum Stettin, wo er sich heute befindet, weiß ich nicht. Die Inschrift hieß:

«Dei Abt up dei Nonne
Dei Mönch up dei Tonne.»

Aber wie bei den zwei Stören, bei deren Fang sie sich nicht mit einem begnügen konnten, so ging es den Mönchen auch hier. Sie verloren wieder alles, wie sie es gewonnen hatten. 1535 kam die Reformation, und die Mönche wurden wieder Bettelmönche, die sich über das ganze Land verstreuten, sich auf den Märkten herumtrieben und denen der Gestank der Fischmärkte nun nichts mehr ausmachte. «Sie hätten sich sollen begnügen.»

Nur hatten auch die Einwohner wenig von dieser Umkehrung. Es kam die Leibeigenschaft und dann der Dreißigjährige Krieg. Wie man die Geschichte der Mönche in Pommern aber auch immer sieht: Sie waren tüchtige, wenn auch habgierige Kolonisatoren. Nur eines waren sie nicht: christliche Vorbilder.

So zeigte sich das Christentum in Pommern in einer Erscheinungsform, die weder menschlich gerecht noch von göttlicher Nächstenliebe geprägt war, auch der Dreißigjährige Krieg trug nicht dazu bei, dieses Bild zu korrigieren.

Natürlich gab und gibt es Pommern, die tief religiös waren und es sind, aber ich spreche hier nicht von den Erleuchteten, den Berufenen oder den Bevorrechteten, sondern von der großen Masse der Landbevölkerung. Sie erhielt sich auf diesem unheilvollen Weg der Christianisierung das, was ich am meisten an den Pommern schätze: das Heidnische. Nicht nur der Vater des Theodor Fontane hat das richtig erkannt, als er von den Saturnalien sprach, sondern auch viele andere, und wenn der Schriftsteller Kurt Heuser die Pommern als die Gascogner Deutschlands bezeichnet, so hat er nach meiner Ansicht recht. Alexander Dumas hat in den «Drei Musketieren» diese Gascogner vorzüglich gezeichnet, und ich denke – man möge mir diesen Hochmut verzeihen –, diese drei Gascogner hätten auch Pommern sein können.

Die Pommern lieben das Leben mehr als das Beten, und wenn sie beten müssen, so geschieht es fast immer aus Nützlichkeitserwägungen. So haben sie es von ihren alten Vorbildern gelernt: Wer viel betet, der hat viel, und wer viel hat, der betet viel.

Heidnisch, wie sie nach meiner Ansicht sind, gibt es bei den Pommern natürlich auch politische Überlegungen, die zwischen den Zeiten immer wieder zur Identität mit der Kirche führen können. Ein Beispiel für mich ist die Zeit des Dritten Reiches. Da gab die eine Hälfte der Einwohner des Ortes, in dem ich geboren wurde, sich für fromm aus, die andere Hälfte

aber hielt sich für freigeistig. Die angeblich Frommen gingen in die Kirche, die angeblich Freigeistigen taten es nicht. Als ich mitten im Krieg auf Urlaub nach Hause kam, war plötzlich alles umgekehrt. Nun gingen die Freigeistigen in die Kirche, und die Frommen blieben zu Hause.

Auch die Angehörigen meiner Familie rannten am Sonntagvormittag in die Kirche, allen voran meine Mutter, die es trotz ihrer ständigen Spöttelei über die sogenannten Frommen nun eilig hatte, rechtzeitig ihren Platz in der Kirche einzunehmen.

Aus meinen erstaunten Fragen entwickelte sich folgendes Gespräch.

«Warum lauft ihr denn plötzlich alle in die Kirche? Seid ihr über Nacht fromm geworden?»

«Nein, das nicht.»

«Aber warum betet ihr denn und singt und macht alles mit?»

«Wir beten und singen ja dagegen.»

«Gegen was betet ihr denn?»

«Na, das weißt du doch, gegen was. Stell dich nicht so dumm.»

«Na gut», sagte ich, «wenn es so ist. Aber in der Kirche? Das gibt es doch nicht.»

«Doch, doch, das gibt es. Wir haben einen neuen, ganz jungen Pastor. Und der gibt es ihnen vielleicht, der streicht ihnen die Butter aufs Brot, so richtig nach Strich und Faden. Das können sie sich aber hinter den Spiegel stecken, das sage ich dir.»

Und so war es auch. Ein junger Pastor der Bekenntniskirche, als Schwerverwundeter aus der Wehrmacht entlassen, stand auf der Kanzel und predigte wie Ernst Moritz Arndt gegen den Sohn des Satans, und obwohl er niemanden beim Namen nannte, wußte jeder, daß nicht Napoleon gemeint war.

Da saßen sie alle, meine Freunde, meine Bekannten, meine Verwandten, ehemalige Sozialdemokraten, ehemalige Kommunisten, ehemalige Liberale und auch ehemalige Konservative, alle, die der Meinung waren, daß der Teufel im eigenen Haus genauso verdammenswert ist wie der Teufel aus einem anderen Land. Kein Wort der Predigt ging ihnen verloren, und bei jeder Anspielung gab es irgendein verhaltenes Geräusch, ein leichtes Füßescharren, ein Räuspern oder auch ein gemurmeltes: «Jo, so is dat.»

Gemeinsam sangen sie dann: «Ein feste Burg ist unser Gott.» Sie sangen so laut, daß es weit aus der Kirche hinausschallte. Jeder der Anhänger Hitlers sollte hören, daß sie im Augenblick mit Gott einer Meinung waren. Brauchten sie ihren Gott, so unterschoben sie ihm ihre Ansicht und waren bereit, eine Weile mit ihm zu marschieren, brauchten sie ihn nicht, so ließen sie ihn ohne Scheu links liegen. «Dat is ein Pastor, wat!» sagten sie auf dem Nachhauseweg, und auf meine Frage, ob sie denn nun an Gott glaubten, bekam ich eine Antwort, die nach meiner Ansicht typisch pommersch ist.

«Ick weit nich. Över gäben möt et emm jo woll. Gäben deit et emm bestimmt. Wenn man bloß wüßt, wat hei will.»

So muß es wohl an den Kirchenvertretern gelegen haben, daß die Pommern christliche Heiden blieben. Wer aber ein Pommer ist und kein christlicher Heide sein will, der mag sich von dieser meiner Ansicht distanzieren. Ich meine aber, eine Religion, die mit Schwert und Rohrstock eingebleut wird, bleibt auf der Außenhaut sitzen. Sie bleibt dort sitzen, wo das Schwert Narben hinterläßt und der Rohrstock Striemen bildet. Das war – man sage dagegen, was man will – auch bei den Pommern so.

Ausnahmen bestätigen auch hier nur die Regel, auch wenn es, wie vielleicht die vielen gotischen Backsteinkirchen in Pommern beweisen, viele Ausnahmen sind oder einmal viele Ausnahmen waren.

14. Kapitel

EIN STIER, SÖBENMOL SO GROT AS EIN ELEFANT EINE HERRLICH BESOFFENE SPRACHE

Niederdeutsch ist jener Weg, den die deutsche Sprache leider nicht gegangen ist. Wieviel kraftvoller ist da alles, wieviel bildhafter, einfacher, klarer . . .

Manchen Leuten erscheint die plattdeutsche Sprache grob, und sie mögen sie nicht. Ich habe diese Sprache immer geliebt; mein Vater sprach sie wie Hochdeutsch, sie, «die vollkommenere der beiden Schwestern», wie Klaus Groth sie genannt hat. Es ist die Sprache des Meeres. Das Plattdeutsche kann alles sein: zart und grob, humorvoll und herzlich, klar und nüchtern – und vor allem, wenn man will, herrlich besoffen.

KURT TUCHOLSKY

Die Sprache der Pommern ist das Platt. Man sagt: «Du räd'st jo nich einmol mihr Platt.»

Platt ist hier nicht in dem Sinn zu verstehen, «was für ein platter Mensch» oder, wie es die Pommern sagen würden: «platterdings ein platter Mensch». Dann wäre die plattdeutsche Sprache so etwas wie eine niedrige Sprache im Gegensatz zur Hochsprache, also etwas nicht sehr «Fürnehmes», sondern etwas dem Gemeinen Dienendes, kurz gesagt, die Sprache der Unteren. Vom Klassenstandpunkt aus gesehen wäre es die Sprache der unterdrückten, ausgebeuteten oder zumindest der ärmsten Klasse gewesen.

Das stimmt natürlich in dieser Vereinfachung nicht. Zu meiner Zeit, als ich ein Kind war, hatte es sich jedoch so entwickelt. In diesen Jahrzehnten sprachen nur noch die Tagelöhner, die Bauern, die Fischer und die Landarbeiter Platt. Die bürgerliche Schicht sprach bereits hochdeutsch, verstand zwar noch das Plattdeutsche, konnte es aber nicht mehr sprechen. In der Schicht darüber, dem Großbürgertum, dem Adel, benutzte man das Platt nur noch zur Verzierung oder auch, um mit kraftvollen, eingestreuten Sätzen zu beweisen, daß man genauso drastisch sein konnte wie die unteren Schichten.

Ein Bürgermeister, der eine Rede hielt, endete gern mit dem Satz «Nu man tau, Jungs!» Ein Regierungsrat, der aus irgendeiner pommerschen Stadt angereist kam und sich, sagen wir, mit Fischern unterhielt, bezeichnete seine Kollegen oder ihm unterstellte Beamte ohne Bedenken als «Schietkirls», womit er glaubte, bei den Fischern besser anzukommen. Ein pensionierter General, den ich einmal bei einem Schützenfest erlebte und der den besten Schützen loben wollte, sagte: «Kirl, Kirl wat schitt'st du bloß gaut. Fast so gut wie meine ganze Eskadron.» Als ich zur Schule kam, sprachen fast alle Kinder noch Plattdeutsch. Sie mußten also in der Schule eine neue Sprache erlernen: das Hochdeutsche. Natürlich wurde die Deutschstunde zur qualvollsten Stunde des gesamten Unterrichts. «Mir» und «mich», «dir» und «dich» lernte keines dieser Kinder richtig einzusetzen. Das «mi» und «di» der plattdeutschen Sprache war so viel einfacher.

Die meisten von ihnen hielten es deshalb wie der Schuster im Ort, der bei all den Schwierigkeiten, die ihm die hochdeutsche Sprache bereitete, einfach beschlossen hatte, immer nur «mich» oder «dich» zu sagen. Da er neben seiner Schusterei auch Klavier spielte und die damaligen Stummfilme im Kino klavierspielend begleitete, wurde er oft als Schustermusiker bezeichnet, worauf er mit dem Satz reagierte:

«Wenn du zu mich noch einmal Schustermusiker sagst, dann klebe ich dich eine, daß du dich die Engel im Himmel anhören kannst.»

So leicht wie dieser Schuster hatten es meine Mitschüler nicht. Sie mußten deklinieren lernen, begriffen es aber nie. So nuschelten sie meistens vor sich hin und verschluckten die Endungen, so daß man nie genau verstehen konnte, hatten sie nun «dem» oder «den», «mir» oder «mich» gesagt.

Sagte der Lehrer: «Mir, mein Junge, mir», so sagte der Schüler: «Jawoll, mir, Herr Lehrer.» Wiederholte der Schüler denselben Fehler am nächsten Tag, so sagte der Lehrer:

«Jetzt habe ich dir schon zum hundertsten Mal gesagt: ‹mir›. Komm mal raus aus deiner Bank. Ich werde dich Mores lehren.»

«Mir, Herr Lehrer, mir», sagte dann der Schüler, was ihm aber nichts mehr half.

Diese Schüler standen genau im Schnittpunkt der sich während dieser Jahrzehnte allgemein durchsetzenden hochdeutschen Sprache und dem sich noch immer haltenden Plattdeutschen, ihrer Muttersprache. Bis zu ihrem sechsten Lebensjahr hatten sie nur Platt gesprochen und in ihren Familien auch nichts anderes gehört.

Hatte jemand etwa zu ihnen gesagt: «Nu hull din Muhl», dann hatten sie den Mund gehalten, aber bei «Halt dein Maul» hielten sie ihn meistens nicht und ließen sich lieber auf eine Schlägerei ein. Für sie war die hochdeutsche Sprache etwas Feindliches, Hartes, Liebloses. Sagten Sie: «Du ulles Orsloch», so mußte das keineswegs eine Beleidigung sein, aber hochdeutsch gesprochen war es eine. Über den Satz: «Hat deine Mutter dich auch lieb?» mußten sie lachen, denn in ihrer Sprache war das selbstverständlich. Es hieß einfach «Min Murrer is min Murrer», eine vorpommersche Aussprache, hier phonetisch geschrieben.

Mit diesem «Murrer» – und alle anderen Plattdeutschen werden «Mudder» sagen – bin ich schon bei den vielen Schwierigkeiten der plattdeutschen Sprache. Sie hat so viele Mundarten, daß niemand sich darin zurechtfindet, Sprachforscher ausgenommen.

Bei uns in Vorpommern sprachen nicht nur die Usedomer anders als die Stralsunder, sondern auch die Catschower anders als die Bansiner, Bewohner von Ortschaften also, die nicht einmal zwanzig Kilometer auseinanderliegen. Selbstverständlich hatten die Hinterpommern ihr eigenes Platt, das breiter, behäbiger, gedehnter als das vorpommersche gesprochen wurde. Für viele Vorpommern war dies schon eine fast fremde Sprache, und nicht ohne Arroganz sahen sie auf dieses hinterpommersche Platt herab. Aus der geschichtlichen Entwicklung heraus ist dieses Auseinanderleben einer wahrscheinlich vorher einheitlichen Mundart zu verstehen. Die einen standen lange unter schwedischem Einfluß, die anderen unter brandenburgischem.

Trotzdem ist das pommersche Platt nicht das mecklenburgische, so wie das mecklenburgische nicht das ostpreußische und dieses nicht das schleswig-holsteinische ist. Jeder hatte sein Platt, und jeder war stolz darauf, gerade dieses Platt zu sprechen. Dieser Stolz auf die eigene Sprache war auch bei meinem Vater vorhanden. Er konnte es nicht leiden, daß seine beiden jüngsten Kinder nicht mehr Plattdeutsch sprachen.

«Nich einmol räden könn'n sei richtig.»

Richtiges Reden war für ihn nur im Plattdeutschen möglich. Wer hochdeutsch sprach, hatte sich für ihn von der eigentlichen Sprache entfernt, wollte ein «feiner Maxe» sein, war in seinen Augen aber doch nur ein «Hallotria».

Einmal, ich war zwanzig Jahre alt und zwei Jahre in Berlin gewesen, holte er mich vom Bahnhof ab. Mir waren wohl einige plattdeutsche Vokabeln entfallen, und ich muß ein seltsames Kauderwelsch zwischen Hochdeutsch und Plattdeutsch gesprochen haben. Er hörte es sich eine Weile kopfschüttelnd mit an und sagte schließlich:

«Jung, Jung, du kannst jo nich einmol mihr räden. Wat sall dat bloß noch war'n.»

Das pommersche Platt, und ich spreche hier vornehmlich vom vorpommerschen, zeichnet sich dadurch aus, daß es sehr präzis und dabei bildhaft und melodisch ist. Es gewinnt seinen Charme aus einem Mangel an Wörtern, die zwar selbstverständlich sein sollten, hier aber nicht verwendet werden. Aus dem Mangel entsteht der Reiz.

Es fehlt zum Beispiel das Wort «bitte». Man kann niemanden herein- und niemanden hinausbitten. Der Satz: «Bitte, komm herein, mein Junge» heißt hier: «Nu kumm man rin, min Jung.» Er enthält das «Bitte» bereits und klingt nach meiner Ansicht viel einladender als der hochdeutsche Satz.

Ein junger Mann, der ein Mädchen um etwas bittet, kann nicht sagen: «Bitte, bitte, nun tu das doch.»

Er kann nur sagen: «Nu dau dat doch, Marie.»

Meistens sagt er auch das nicht. Wahrscheinlich würde er sagen: «Wenn du dat jetzt nich deist, Marie, denn go ick nach Hus.»

Man sagt zwar «dei leiv Gott», aber man sagt nicht: «Ick lev di.» Auf das «Ich liebe dich» hätte ein plattdeutsch sprechendes Mädchen wahrscheinlich geantwortet:

«Dat glövst du doch allein nich.»

Im vorpommerschen Platt sagt man nicht «alleen», sondern «allein», und wieder in der Sprache der Liebe sagt man nicht «alleen mit di», sondern «Nu bin ick ganz allein mit di» oder «Nu sind wi ganz allein». Das «Ich liebe dich» war nicht mehr notwendig. Der erste Satz genügte. Alles andere ergab sich dann von allein.

Ich vermute, daß dieses «lev» von hochdeutsch sprechenden Pastoren erfunden worden ist, die sich allzu beflissen der plattdeutschen Sprache angenommen hatten und sich ein Leben ohne «ich liebe» nicht vorstellen konnten.

Ich hatte mich einmal in eine Cousine verliebt, die nur Plattdeutsch sprach. Sie war siebzehn Jahre alt und ich zwanzig. Wir gingen nachts durch den Buchenwald an der Küste entlang, und ich versuchte ihr meine Zuneigung klarzumachen. Plötzlich blieb sie stehen und sagte:

«Wat wist du eigentlich von mi? Du büst doch min Cousin.»

«Jo, jo, dat bün ick.»

«Na, denn geiht dat doch nich. Dat war'n jo luter Kinner mit Köpp so grot as Krogenknöp.»

Gegen dieses Argument blieb mir nicht viel zu sagen übrig. Da auch ich keine Kinder mit Köpfen so groß wie Kragenknöpfe haben wollte, war mit dieser Feststellung die Angelegenheit erledigt. Angenommen aber, jenes Mädchen wäre nicht meine Cousine gewesen, dann hätte sie vielleicht gesagt:

«Wat wist du eigentlich von mi?»

«Na, wat sall ick schon von di wull'n?»

«Und wenn nu Kinner komm'n?»

«Dor komm'n kein Kinner.»

«Över ick will ook noch kein Kinner.»

«Dat will ick doch ook nich.»

«Na, denn ist dat gaut. Wenn du kein Kinner wist und ick ook kein Kinner, denn is dat gaut.»

Hinter dem Dialog über die Kinder steht die Zuneigung. Der Satz «Und wenn nu Kinner komm'n» ist, jedenfalls für plattdeutsche Pommern, viel glaubwürdiger als der Satz «Ich liebe dich». Heftige Leidenschaft geht höchstens bis zu dem Ausspruch: «Ick mag di.»

Der Humor dieser Sprache lebt vom Weglassen, vom Unterstapeln, aber auch sehr häufig vom Überstapeln. Der pommersche Ulan, der sieben oder

acht Kosaken auf seiner Lanze hatte und damit stolz zu seinem Kommandeur zurückritt, ist eigentlich nur in einer plattdeutschen Erzählung möglich.

Sagt jemand: «Minsch, dor köm doch ein Stier ut denn'n Stall so grot as söben Elefanten», so weiß jeder, es kam ein Stier aus dem Stall, der etwas größer war als ein normaler Stier. Die sieben Elefanten dienen nur dazu, dies anschaulich zu machen. Jeder gute mündliche Erzähler in Pommern, und dies besonders an der Küste, kennt diese Art der Übertreibung, des Weglassens, des Aussparens und der Andeutungen.

«Ein Damper, dreimol so lang as ein Kriegsschipp», ist ein etwas größerer Dampfer als andere, und ein «Matros mit ein Poor Hosen so breit as ein Sägel von einem Dreimastschoner und einem Kopp as tein Schwinsköpp tausammen» ist ein Matrose mit breiten Hosen und einem verhältnismäßig großen Kopf. Der sprechende Löwe des amerikanischen Generals ist nur ein besonders großer Hund. Jeder Zuhörer weiß das, sagt aber: «Nein, was der auch alles erlebt hat, sogar einen sprechenden Löwen hat er getroffen.»

Mündliche Erzählungen sind fast alle humoristisch. Der Humor ergibt sich aus der Bildhaftigkeit der Sprache, aus ihrer Präzision und aus ihrem Mangel. Dort, wo das geeignete Wort nicht vorhanden ist, setzt der Erzähler die Gestik und die Mimik ein. Fast alle pommerschen Erzähler, die ich getroffen habe, waren dafür begabt.

Sagt jemand etwa: «Und dor ging hei henn und wackelt doch mit denn'n Mors, ne so wat häst du noch nich seihn», und weiß der Betreffende nun nicht, wie er das «Wackeln des Morses» sprachlich präzisieren soll, weil ihm keine geeigneten Worte mehr zur Verfügung stehen, dann erhebt er sich und macht dieses besondere «Wackeln des Morses» vor. Das begleitende Wort dazu heißt dann: «Kiek, so» oder auch: «Und dann schöv hei dei ein Back so röber und dei anner Back so.»

Trotzdem, auch dies geht verloren. Das pommersche Platt ist zum Sterben verurteilt. Keine noch so gut gemeinte Heimatpflege wird es davor bewahren können. Gewiß, vielleicht wäre dieses Dahinsterben nicht so schnell gekommen, wäre die Geschichte Pommerns anders verlaufen. Aber auch dann hätte das Hochdeutsche die plattdeutsche Sprache auf die Dauer verdrängt.

Noch zur Zeit des ersten Reformators in Pommern, Johannes Bugenhagen, sprach ganz Pommern Plattdeutsch. In Wollin geboren, wurde Bugenhagen «Dr. Pommer» genannt. Er war ein Freund Luthers und übertrug dessen Bibel in die plattdeutsche Sprache. Wahrscheinlich waren die Pommern zur Zeit der Reformation noch nicht fähig, das Hochdeutsche zu verstehen.

Erst mit den Brandenburgern und mit der Vorherrschaft der Preußen kam wohl das Hochdeutsche ins Land, wurde Schul- und Behördensprache und schließlich auch die Umgangssprache der höheren Stände. Die plattdeutsche Sprache wurde zurückgedrängt, behielt zwar durch zwei Jahrhunderte noch ihr Reservat in den niederen Schichten, mußte aber letzten Endes auch dort ihren Rückzug im Interesse einer einheitlichen preußischdeutschen Verwaltung antreten.

Die Schwierigkeiten mit der neuen Sprache hielten jedoch an. Noch in der Zeit meiner Kindheit konnte eine meiner vielen Tanten zu einem ihrer vielen Kinder sagen:

«Du Dunnerlüchting, wenn du mich das nicht sofort holst, dann mog ick denn'n Zickenbuck los, und dann wirst du sehen, wat du dorvon häst.»

Diese Tante hieß Lisa, wurde aber «Tann Lissa» gerufen. Sie trug täglich Fische aus, war hart, weinerlich und so zäh innen wie außen, daß ihr Gesicht wie vor Jahrhunderten gegerbtes Leder aussah. Sie sprach ein vorzügliches Plattdeutsch, aber ein miserables Hochdeutsch. Traf sie jemanden, den sie für einen «Hochdeutschen» hielt, so bemühte sie sich hochdeutsch zu sprechen, wobei ihr das Plattdeutsche immer dazwischenkam. Sie hatte es vorzugsweise mit dem Tod und sprach jeden darauf an, den sie traf.

«Jo, jo, min Jung, nun is dei Fritz ook schon tot. Dabei war er doch so'n guter Minsch. Över dei Lung, min Jung, dei Lung. Dor sitzen die Krebse drin. Und dei warn immer gröter. Över sterben möten wi ja alle. Dat is nun einmol so. Und was wird nun aus dich, mein Sohn?»

15. Kapitel

SIE HABEN SICH DARIN OHN UNTERLASS ZERSUDELT WARUM UND WAS DIE POMMERN TRANKEN

Ihr Getrenke ist Bier gewest, von Korn, Hopfen und Waßer gebrauet, oder haben Mete und Epfeltrank gehabt, darin sie ohn Unterlaß zersudelt, als daß man von ihnen schreibet, wann man ihnen Trinkens genug gegeben, hat man sie ehr konnen mit Trunkenheit erlegen, dann mit dem Schwerte.

ÜBER DIE POMMERSCHEN GOTEN

Aber am Getrenke seind sie nicht so leichtlich zu halten gewest, sonder, wanns ihnen hat gestattet mogen, seind sie Tag und Nacht bei der Kanne gelegen und gesoffen, weil der Keller einen Tropfen hat vermocht. Ihr Getrenke ist aber nur Mete und Bier gewest, dann Wein hat dies Land nicht getragen.

ÜBER DIE POMMERSCHEN WENDEN

AUS «POMERANIA»,
EINER CHRONIK
AUS DEM 16. JAHRHUNDERT

Wer in Pommern aufgewachsen ist und später lange in Bayern gelebt hat, muß zu der Ansicht kommen, Pommern und Bayern seien miteinander verwandt. Das stimmt natürlich nicht. Es gibt keine geschichtliche Berührung zwischen ihnen, es sei denn, ein paar pommersche Goten wären auf ihrer Reise nach dem Süden in Nieder- oder Oberbayern hängengeblieben. Die erste Berührung zwischen ihnen kann es im Deutsch-Französischen Krieg 1870/71 gegeben haben. Damals, so sagt man, wurden die Bayern eingesetzt, wenn es den Pommern schlecht ging, und mußten die Pommern eingreifen, wenn die Bayern nicht mehr zurechtkamen.

Ich kann mir einen preußischen Befehlshaber vorstellen, der mit seinem Gaul auf einem Gefechtshügel stehend und von dort die Schlacht beobachtend ausrief:

«Und jetzt die Pommern her.»

Oder umgekehrt:

«Die Pommern gehen zurück. Wo sind die Bayern? Jetzt müssen die

Bayern ran.»

Es waren ja Hilfsvölker, und kluge Militärs haben bekanntlich zu allen Zeiten die Tapferkeit ihrer Hilfsvölker so lange gelobt, bis man sie rücksichtslos einsetzen konnte. Ich weiß, in diesem Fall stimmt das mit den Hilfsvölkern nicht ganz. Es waren allesamt Deutsche. Aber ein wenig ist doch daran. Diesen Ruf, «Drauf-und-Dran-Leute» zu sein, haben die Pommern und die Bayern gemeinsam. So sind denn auch die Schlachtfelder der letzten drei europäischen Kriege die einzigen Berührungspunkte zwischen ihnen.

Bayrische Touristen gab es an der pommerschen Küste kaum, und pommersche Touristen in den bayrischen Bergen waren ebenso selten. Der einzige Bayer in Tracht, den ich auf einer Strandpromenade in Pommern gesehen habe, war eine Sensation. Die Kinder liefen hinter ihm her und riefen: «Ein Bayer, ein Bayer!» Ein Pommer in Bayern ist wahrscheinlich weniger aufgefallen. Die Bayern haben ihn bestimmt für einen Preußen gehalten, was, von heute aus gesehen, ziemlich ärgerlich ist.

Trotzdem gibt es Gemeinsamkeiten. Sie liegen in ein paar Charaktereigenschaften, in einigen Sitten und in einer bestimmten Verhaltensweise.

Wie die Pommern haben sich auch die Bayern unter dem kirchlichen Firnis ziemlich viel Heidnisches erhalten. Es ist eine Art fröhlichen Heidentums, das einen düsteren, lebensfernen Katholizismus in Bayern immer verhindert hat. Mit den Sünden, die am Sonntagvormittag vergeben werden, kann man am Sonntagabend spätestens wieder beginnen.

Die Pommern hatten es da schwerer. Sie mußten auf die Vergebung ihrer Sünden bis zur ewigen Seligkeit warten. Da ihnen das etwas zu lang erschien, ließen sie sich erst gar nicht auf Vergebung ein, sondern blieben gleich beim Sündigen.

Nun sind Sünden Sünden, aber auch wenn es spezifisch bayrische wie auch spezifisch pommersche Sünden geben sollte, in einem Punkt sind entweder die Pommern die nördlichsten Bayern in Deutschland oder die Bayern die südlichsten Pommern.

Ich spreche vom Bier. Man kann einen biertrinkenden Bayern nicht von einem biertrinkenden Pommern unterscheiden, vorausgesetzt, beide machen nicht den Mund auf, es sei denn zum Trinken. Hier ergeben sich folgende gleiche Eigenschaften: Standfestigkeit, Ausdauer, Routine. Ein Pommer, der einen Bayern unter den Tisch trinken will, schafft es nie, und umgekehrt ist es auch so.

Nur hatten die Pommern das Bier bereits, als die Bayern noch mit ihrem sauren Wein herumlaborierten. Jeder Versuch, in Pommern Wein anzubauen, mußte scheitern, und so unternahm man diesen Versuch auch nicht. Die Bayern hingegen panschten lange an ihrem sauren Wein herum, und erst, als sie das Bier entdeckten, gaben sie den Wein radikal auf.

In Pommern jedoch lagen die Goten bereits bei der Kanne, und dies, wie die Chronik sagt, bei Tag und bei der Nacht, und die Wenden scheinen es nicht anders gehalten zu haben. Die Pommern haben also eine Biertradition, die bis vor Christus zurückreicht. Nur haben sie weniger daraus gemacht als die Bayern aus ihrer Bierentdeckung. Statt große Bierexporteure zu werden, blieben sie bei der Deckung ihres eigenen Bedarfs.

Wie groß dieser Bedarf jeweils war, läßt sich schwer feststellen, aber er muß beträchtlich gewesen sein. Zwar lagen die neuzeitlichen Pommern nicht mehr Tag für Tag bei der Kanne, aber der Gasthof spielte eine zentrale Rolle im Leben der Dörfer und Städte. Man trank ein Bier und einen Korn und dann wieder einen Korn und ein Bier. Wenn man am Vormittag damit anfing, war man am Abend voll.

Von jemandem, der sich so vollaufen ließ, sagte man: «Jetzt löpt hei glick öber.» Lief es bei ihm über, so stellte man ihn vor die Tür des Gasthofes oder brachte ihn auf einer Schubkarre zu seiner Frau nach Hause.

Ein «Süper» war ein «Süper» und nicht sehr angesehen, aber ein «Nicht-Süper» war noch weniger angesehen. Jemand, der nicht trank oder nichts vertragen konnte, war ein Schwächling. Ihn betrunken zu machen galt als Vergnügen.

«Nu drink man noch einen, Heinrich.»

Und wenn der besagte Heinrich den einen getrunken hatte, kam gleich der zweite.

«Nu noch einen, Heinrich.»

Und hatte Heinrich auch den zweiten getrunken, so stand schon der dritte auf dem Tisch. Sagte Heinrich dann:

«Nu is et genaug. Ick möt nach Hus tau min Fru», so lachten alle Beteiligten.

«Ach wat, Heinrich, denn'n einen kannst du doch noch. Nu lot di man Tid mit din Fru.»

So trank Heinrich, um sich keine Blöße zu geben, auch noch den dritten Korn und das dritte Bier, worauf gleich der vierte Korn und das vierte Bier kamen, und so ging es fort, bis man ihn endlich nach Hause schickte.

«Jetzt go man nach Hus, Heinrich. Din Fru lurt jo up di. Jetzt go man.»

Dann torkelte Heinrich nach Hause, ein schwankendes Alkoholschiff, und bevor er zu Hause ankam, bereits ein Alkoholwrack.

Solche Fälle waren selten. Die meisten Pommern waren von Jugend auf daran gewöhnt, trinkfest zu sein. Einer erzog den anderen dazu. Alle Feste, einschließlich der vielen Preisskate im Winter, waren Trinkfeste. Wer statt Bier und Korn auf solchen Festen Wein trank, galt als etwas Besseres, obwohl der Wein oft gepanscht und recht sauer war, ganz gleich woher er kam. Von der Weinpflege verstanden die Pommern nichts, und eine Vielzahl an Getränken wurde nicht angeboten. Jedes neue, ihnen nicht bekannte Getränk beargwöhnten die Pommern mit Mißtrauen. Sie nannten es «Zeug» und sagten:

«Dat Tüch drink ick nich.»

So hatten alle Pommern, sobald sie betrunken waren, den gleichen Rausch: den schweren Bier- und Schnapsrausch.

Nicht immer endeten solche Trinkereien in Streitigkeiten, aber eine Schlägerei zum Abschluß war immer möglich. Auch war das ähnlich wie bei den Bayern. Auch in Pommern saß früher das Messer ziemlich locker. Bei den pommerschen Goten scheint es nicht anders gewesen zu sein.

«Sunst aber seind sie Tag und Nacht im Kruge gelegen und haben geschwelget und gesoffen, welches dann bei ihnen gar keine Schande gewest, da sie sich auch oft, wie unter vullen Leuten pflegt, gezanket und entzweiet haben, aber nicht lange Wort gemacht, sonder einer dem anderen bald aufm Kamme gesessen.»

Ganz so streitsüchtig wie die Goten waren die neuzeitlichen Pommern nicht mehr. Doch noch in meiner Jugend gab es Schlägereien, deren Ursachen sich niemand erklären konnte.

«Da war wieder mal kein Sinn drin», sagten die mittelbar Beteiligten am nächsten Tag, aber auch die unmittelbar Beteiligten fanden den Sinn der betreffenden Schlägerei nicht mehr heraus.

In dem Ort, in dem ich groß wurde, gab es jeden Sonnabend in einem Restaurant Kindermann, einem «Bumslokal», wie wir es nannten, einen Ball, der schlicht als «Tanz» angekündigt wurde und von dem alle sagten, daß es ein «Schwof» sei. Man ging schwofen. Und «schwofen» hieß, daß man nicht nur tanzen, sondern sich auch sonst austoben konnte. Es begann immer fröhlich. Die Maurer, Zimmerleute, Fischer, Seeleute schoben ihre Mädchen durch den Saal. Die Theke war schon ab acht Uhr abends dicht belagert. Dort standen die jungen Leute, tranken ein Bier, einen Korn, und einen Korn, ein Bier. Gegenseitig spendierten sie sich ganze Lagen.

«Mensch, Otto, jetzt bist du dran. Her mit der Lage!» Hatte der Otto seine Lage ausgegeben, so kamen der Fritz, der Willem und der Karl dran.

«Nu schmeiß mal einen, Max.»

Und dann schmiß auch der Max noch eine Lage. Jedesmal wurde «ex» getrunken, und wer nicht «ex» trank, der hatte keinen Zug am Leib. Zwischendurch holten sie die Mädchen, die an den Tischen herumsaßen. Immer war einer unter den Tanzenden, den der eine oder der andere nicht leiden konnte oder der mit einem Mädchen tanzte, das für alle tabu war, weil es dem oder dem gehörte.

«Dei möt eis wat up't Jack häm'n», sagten sie dann, und je mehr sie tranken, um so mehr kamen sie zu der Überzeugung, daß dieser oder jener welche auf die Jacke haben mußte.

Es begann fast immer zur gleichen Zeit. Etwa gegen zwei Uhr morgens. Es kam wie ein plötzlicher, aber pünktlicher Sturm. Biergläser flogen durch den Saal, und alles, was nicht beteiligt war oder nicht beteiligt sein wollte, kroch unter die Tische oder sprang zum Fenster hinaus. Die meisten fühlten sich beteiligt, obwohl fast niemand wußte, um was es genau ging.

Jeder glaubte, er müsse dem anderen helfen, jeder fühlte sich im Recht, und zu den größten Schlägern entwickelten sich in jurzer Zeit jene, die Frieden stiften wollten. Zuletzt schlugen sich die Friedensstifter nur noch untereinander.

Soweit Kellner vorhanden waren, lagen sie unter den Tischen, und der Wirt saß geduckt hinter seiner Theke und fing dort die zurückgeworfenen Gläser auf, wenn sie noch heil waren.

Die Polizei kam selten. Es gab nur einen Dorfpolizisten, und der kam frühestens, wenn alles zu Ende war oder jemand erfolgreich zum Messer gegriffen hatte. Die Mädchen lagen unter den Tischen und schrien:

«Fritz, hür up.»

«Otto, hür up.»

«Karl, hür up.»

Gab der eine oder der andere ihrer Verehrer auf, so krochen sie unter ihren Tischen hervor und sagten zu ihrem Karl, Fritz oder Otto:

«Di seih ick min ganzes Läben nich mihr an. Scher di nach Hus.»

Meistens begannen die Maurer. Sie galten als große Schläger. Ein Maurer, der nicht schlagen konnte, war kein Maurer, und von ihm sagten die anderen: «Hei gehürt nich tau Innung.»

Alles endete so schnell, wie es begonnen hatte. Dann trösteten alle jene, die gelitten hatten, blaue Augen, Schnittwunden oder sonst etwas mit sich herumtrugen.

Nun war der Wirt der starke Mann.

«Gameradt, das bezahlen Sie», und: «Stromberg, das bezahlen Sie.»

Die Türen waren abgeschlossen. Niemand, der sich an der Schlägerei beteiligt hatte, kam hinaus. Jeder mußte bezahlen, denn nun waren auch die Kellner unter ihren Tischen hervorgekrochen und schrien herum:

«Sie Idiot. Bezahlen Sie endlich. Was geht mich Ihr blaues Auge an!»

Schon am nächsten Morgen hatte man vergessen, was geschehen war.

«Wie? Ich soll den Fritz geschlagen haben? Das glaubst du doch selbst nicht. Ich bin doch einer der friedlichsten Menschen, die es gibt. Und ausgerechnet den Fritz!»

Sagte der Gesprächspartner: «Aber, ich habe es doch gesehen!», so kam die Antwort:

«Das kannst du ja gar nicht. Ich war zu der Zeit gar nicht mehr dort. Ich weiß doch von nichts. Wie willst du es denn wissen?»

Dieses schnelle Vergessen war auf die Getränke zurückzuführen. Bier und Korn hatten schon vor dem Beginn der Schlägerei das Bewußtsein in einen grauen Nebel verwandelt, der erst am nächsten Tag zerriß. Was blieb, war eine Gedächtnislücke. Manche dieser Festteilnehmer erwachten am nächsten Morgen, sahen sich ihren schmerzenden Finger an und sagten zu sich selbst:

«Verflucht noch mal, wo habe ich denn diesen kaputten Finger her.»

Die meisten Feste gingen natürlich anders aus. Sie endeten mit Bierleichen, die im Morgengrauen schwankend ihren Weg nach Hause suchten. Rückte etwa die Freiwillige Feuerwehr nach einer Übung mitten in der Nacht aus, so wußte jeder, daß nun Brände gelöscht werden sollten, die es nirgends gab. Solche spontanen Feste konnten drei Tage dauern. Kamen die Feuerwehrleute nach zwei oder drei Tagen zurück, so hielten sie sich nur noch mühsam auf den Beinen. «Mensch, das war wieder ein Brand. Ein Feuer bis zum Himmel. Und wir immer: ‹Wasser marsch, Wasser marsch.›» An Humor fehlte es den Pommern bei diesen Festen nicht. Kippte ihr Humor infolge des zuviel genossenen Alkohols in eine Schlägerei um, so lachten sie zwar nicht dabei, amüsierten sich später aber um so mehr darüber.

Feindschaften, die so entstanden, hielten nicht lange an. Sie dauerten höchstens von einer Trinkerei zur anderen. Rache um jeden Preis gab es nicht. Was im Rausch geschah, wurde auch im Rausch wieder bereinigt.

«Minsch, Fritz, dat hev ick nich so meint. Dor is mi man bloß dei Hand utrutscht.»

«Ick weit, ick weit», sagte dann Fritz, «nu lot uns man werra einen drinken.»

Besondere Trinksitten hatten die Pommern nicht. Man trank, um zu feiern, und man feierte, um zu trinken. Gott ließ man dabei ganz aus dem Spiel. Man sagte nicht: «Vergelt's Gott», wenn man anstieß, sondern nur einfach: «Na, denn prost!» «Vergelt's Gott» sagen wohl auch die Bayern nicht, aber sie geben auch beim «Biertrinken» ihre irdische Gottesnähe nie ganz auf. Die Pommern hingegen sind, kommen sie in «Jum», dem Himmlischen näher als dem Irdischen, wobei ihnen oft alles durcheinandergerät: Himmel und Hölle und Teufel und Gott. «Dei Düvel ook», sagen sie, «dat Tüch schmeckt jo werra. Dor hürt man jo dei Engel im Himmel bi singen.»

Als ich vor einem Jahr im jetzigen Ostmecklenburg, das heißt in Vorpommern war, stieß ich auf einen neuen Trinkspruch. Junge Leute, die an einem Nebentisch in einem Lokal saßen, sprangen bei jedem Anstoßen auf und riefen «SED». Auf meine Frage, was denn das heißen solle, sagten sie, das hieße «Stöt emm doal». Kaum hatte ich mich an meinen Tisch gesetzt, sprangen sie wieder auf, riefen «SED» und gossen ihren klaren Korn hinunter.

Im übrigen aber sind die Trinksitten dort heute noch so wie gestern und vorgestern. Kein Wechsel des Regimes hat sie verändert. Vielleicht lagen und liegen die Pommern etwas länger «bei der Kanne» als andere. Aber auch dies ist verständlich. Generationen von Pommern mußten sich durch immer anhaltende schlechte Zeiten hindurchtrinken.

So nutzten sie jede Gelegenheit, die sich ergab.

Schon 1603 dichtete ein Ludwig Hollonius in Pommern:

Potz hunderttausend guter Jahr,
Wie hungert mich so leider sehr!
Wie plaget mich der leidige Durst!
Möcht ich nun haben ein gut Bratwurst,
Ein Brod dazu und ein Kan Bier,
Itzt wolt ich nicht begeren mehr,
Wie gmurret, kurret mir der Bauch!
Wie schlegt mir aus dem Halß der Rauch!

16. Kapitel

MAIKÄFER FLIEG
ÖBER STARBEN MÖT ICK NU JO WOLL

Maikäfer flieg!
De Vadder is im Krieg,
De Mudder is im Pommerland,
Pommerland is abgebrannt,
Maikäfer flieg!

HESSISCHES KINDERLIED

Wenn der Frühling kam, jagten wir den Maikäfern nach. In den warmen Nächten am Meer fingen wir sie unter den Kastanienbäumen, den Lindenbäumen, den Buchen. Es war ein sinnloses Fangen. Die Schachteln, in denen wir sie sammelten, versteckten wir unter oder in unseren Betten oder nahmen sie mit in die Schule, um die Maikäfer dort im Klassenzimmer während des Unterrichts zum Ärger des Lehrers fliegen zu lassen. Wir unterschieden die Maikäfer nach der Farbe ihres Plattschilds, und fast alle Maikäfer hatten dementsprechende handwerkliche Berufe. Es waren entweder Schuster, Schneider oder Schornsteinfeger. Aber es gab auch Könige und Kaiser.

Rief jemand: «Ah, ich habe einen König», so liefen alle anderen herbei und sagten: «Ja, wirklich, einen König.» Rief aber jemand: «Ich habe einen

Kaiser», so riefen die anderen: «Du lügst, du lügst, einen Kaiser, das gibt es ja nicht.» Hätten wir damals gewußt, was die fremden Könige und Kaiser für Pommern bedeutet haben, so hätten wir vielleicht gesungen:

«Fangt den König, fangt den Kaiser,
Laßt die Schuster, Schneider leben.
Denn das schöne Pommerland
Hat kein Schuster abgebrannt.»

Statt dessen sangen wir «Maikäfer flieg». Es war für uns kein wirklichkeitsnahes Lied. Zwar war der Vater im Krieg und die Mutter zu Hause, im Pommerland, nur konnten wir uns ein abgebranntes oder brennendes Pommerland nicht vorstellen. Es stand ja alles heil und ganz um uns herum: die Häuser, die Kirchen, die Schulen, die Bauernhöfe, die Kähne der Fischer. Wie sollte das jemals abgebrannt gewesen sein, oder wie sollte es jemals abbrennen können. Es gab ja die Freiwillige Feuerwehr, und es hatte sie nach unserer Ansicht immer gegeben. Sie hätten sofort alles gelöscht, einschließlich des immer immensen Durstes, den die Feuerwehrmänner mit zu jedem Brand brachten.

Gustav Adolf, Wallenstein und andere waren für uns schimmernde, hehre, edle Kriegshelden, und die Kaiser und Könige saßen hoch da droben, gleich unterhalb Gottes, der sie in seiner allmächtigen Huld beschützte und behütete.

Jene aber, die Pommerland abbrennen wollten, waren unbekannte, elende Bösewichter, Banditen und Verbrecher, die es überall gab und vor denen wir in der Schule und zu Hause gewarnt wurden. In unserer Phantasie waren es Räuber, die im tiefen Wald lebten, geraubte Bräute besaßen, die wie Milch und Honig aussahen und deren Blondhaar so lang war, daß sie ihre kleinen, zierlichen Füße damit umwickeln konnten, um sie vor den scharfen Blicken ihrer geliebten Banditen zu verbergen. Brachen die Bösewichter aus ihrem Wald hervor, so schändeten sie arm und reich und brannten so lange alles nieder, bis der König oder Kaiser kam, um alles wieder in Ordnung zu bringen. Es war eine auf dem Kopf stehende Welt.

Wir wußten nicht, daß jenes Maikäferlied in Hessen nach dem Dreißigjährigen Krieg entstanden war. Der Krieg hatte für uns irgendwo stattgefunden. Zwar hatte Wallenstein Stralsund berannt, aber diese tapfere pommersche Stadt war für ihn mit goldenen Ketten an den Himmel gefesselt gewesen. Das hatten wir in der Schule gehört. Nur daß ganz Pommern in diesem Krieg zerstört worden war, das wußten wir nicht.

Wie sollten wir ahnen, daß Pommerland noch einmal abbrennen konnte. Niemand hat uns gewarnt, weder die pommerschen Gänse, die pommerschen Lehrer noch die pommerschen Pastoren, obwohl die Geschichte Pommerns Warnung genug gewesen wäre.

Auf jeden Fall brannte Pommern wiederum ab. Es brannte nicht das ganze Pommern ab. Vorpommern blieb diesmal so gut wie verschont. Um so gründlicher aber brannte Hinterpommern nieder. Es blieb fast nichts davon bestehen. Als ich Mitte der fünfziger Jahre durch Hinterpommern fuhr, fand ich Ruinen. Von Pyritz standen nur die Reste einer alten Ringmauer, Kolberg war ein Steinhaufen unter halbhohem Gebüsch, und in dem zerstörten Stargard traf ich auf die Totenschädel ehemaliger Bürger. Sie lagen hochgestapelt in Schubkarren und warteten darauf, von einem Platz neben dem früheren Dom abtransportiert zu werden. In den Ruinen der zerschossenen Marienkirche in Kolberg fand ich neben dem Rest des Gneisenau-Nettelbeck-Denkmals im Gras jene Kanonenkugel aus der französischen Belagerungszeit, die bei der Beschießung oberhalb des Kirchenportals in der Kirchenmauer steckengeblieben war. Sie war oft das Ziel pommerscher Schulausflüge gewesen, ein Zeichen pommerscher Ehre und Tapferkeit. Nun beachtete sie niemand mehr. Ich schleppte sie über Warschau mit nach München und verschenkte sie an Jesko von Puttkamer, für den sie vielleicht nicht nur ein Stück Eisen ist.

Pommern traf ich fast nicht mehr. Die wenigen, die es noch gab, waren Reste der Bevölkerung, ähnlich jenen Resten der Goten, die nach der Völkerwanderung in Pommern zurückgeblieben waren, nur wahrscheinlich noch sehr viel weniger. Nicht Wenden, sondern Polen besiedeln nun das Land.

«Maikäfer flieg!»

Ich dachte nicht daran. Es packte mich nur eine tiefe Melancholie. Warum haben die Pommern kein Glück gehabt? Sie hatten wenig Glück mit sich selbst und noch weniger Glück mit den anderen, obwohl sie nach

ihrem Temperament, ihrer Art zu leben, ihrer Mentalität doch ebensoviel Glück verdient hätten wie etwa die Bayern. War es das Pech, daß sie immer anderen Herren dienen mußten, war es ihre geringe Zahl, oder war es die geographische Lage des Landes, in dem sie lebten: meerumwobene, aber auch meerumkämpfte Küste?

Wo die Ursache des immer wiederkehrenden Unglücks auch gelegen haben mag, in dem Charakter der Pommern ist sie nicht zu finden. Sie waren weder ein deutsches Staatsvolk wie vorgestern die Preußen, gestern die Rheinländer und heute die Schwaben, noch waren sie Eroberer, noch haben sie sich jemandem aufgedrängt. Irgendwo habe ich gelesen, die Sachsen wollten immer die besseren Preußen sein. Das wollten, bis auf einige Junker, die Pommern nie. Sie waren froh, Pommern zu sein. Ihre Gänse, ihre Heringe, ihre Kartoffeln, ihre Schweine und ihr Kohl genügten ihnen. Es genügte ihnen die «Kanne», es genügte ihnen das Meer, auf das sie hinaussehen konnten, und es gnügte ihnen als Mitmensch der Pommer schlechthin, wenn sie mit ihm trinken, reden und wenn sie ihn auf den Arm nehmen konnten. «Süpst du mit mi, sup ick mit di», sagte einer zu dem anderen, und dann tranken sie beide zusammen und redeten jenes Plattdeutsch, vom dem Tucholsky sagt, daß es so herrlich besoffen sein kann. Hatten sie genügend getrunken, so verlief ein solcher Dialog etwa folgendermaßen:

«Du büst besoappen.»

«Ick bün nich besoappen. Du büst besoappen.»

«Wenn ick besoappen bün, denn büst du för twei besoappen.»

«Ick bün nich för twei besoappen. Öber wenn ick för twei besoappen bün, denn sind wi jo drei Besoappene.»

«Jo, dat sind wi.»

«Öber du büst ook för twei besoappen. Denn sind wi jo vier Besoappene.»

«Wat quatscht du bloß tausammen. Du büst jo för drei besoappen.»

«Jo, wenn ick för drei besoappen bün, denn sind wi jo schon . . .»

Und so geht es weiter, bis sie beide zusammen schon ein Dutzend Betrunkene sind, und schließlich sagt der eine zum anderen: «So, jetzt is et genaug. Jetzt sitt schon dei ganze Disch vull Besoappene. Dat hull ich nich mihr ut.»

Dies war die Genügsamkeit der Pommern. Sie brauchten keine Anregungen von draußen, weder musikalischer, literarischer noch politischer Art. Sie genügten sich selbst. Aber vielleicht ist es gerade diese Genügsamkeit, die das Unglück immer wieder herbeizog.

Sie haben wenig Ähnlichkeit mit anderen deutschen Stämmen, am wenigsten mit den Sachsen, obwohl nun die Sachsen für die verbliebenen Vorpommern die Preußen abgelöst haben.

Jemand, der es freundlich mit den Pommern meint, könnte sagen: «Na, ein Gutes ist wenigstens bei allem herausgekommen. Ihr seid die Preußen losgeworden.» Ich stelle mir vor, was ein Pommer darauf antworten würde. Wahrscheinlich wäre die Antwort: «Und dafür haben wir die Sachsen bekommen. Da wäre es schon besser gewesen, bei den Preußen zu bleiben.»

Tatsächlich sind für die heutigen Vorpommern, sprich Ostmecklenburger, die Sachsen das neue Staatsvolk. Sie benehmen sich nicht schlechter als andere auch, aber ein Staatsvolk ist schließlich ein Staatsvolk und entwickelt besondere Eigenschaften. Die Pommern haben keine Verbindung zu ihnen: sie reden ihnen zu viel, zu klug, zu schnell und zu laut, sie sind immer drin, immer dran und immer auf dem Quivive. Das mögen die Pommern nicht. Aber sie wurden auch diesmal nicht gefragt. Die Sachsen sind da und sitzen auf den Bürgermeisterstühlen, auf den Landratsstühlen und sonstwo. Im Sommer bevölkern sie die gesamte Küste so dicht, daß kaum ein Pommer mehr zwischen ihnen Platz hat, nur im Winter, wenn es allzu kalt wird, werden sie seltener.

Ein alter Fischer aus Misdroy, den ich an der Küste traf und der sehnsuchtsvoll nach seinem verlorengegangenen Misdroy hinübersah, antwortete mir auf meine Frage, ob er immer noch hoffe, einmal dort wieder hinzukommen:

«Ich weiß nicht. Aber mit den Polen werden wir schon fertig werden. Eines Tages können wir uns mit ihnen verständigen. Das ist drin. Aber was machen wir mit den Sachsen? Wi war'n wi dei bloß werra los!»

Es ist wenig wahrscheinlich, daß die Pommern die Sachsen wieder loswerden, sowenig wie es wahrscheinlich ist, daß die Polen Hinterpommern aufgeben. Möglich ist eine neue Mischung aus Pommern, Sachsen und Polen. In einigen Jahrhunderten sind sie vielleicht alle miteinander wiederum Pommern. Das Pommerische wird sich dabei als stärker erweisen als das Sächsische und Polnische. Es wird sich einerseits durchsetzen, andererseits durchschlagen. So wie die Nachfolger eines Pommern in Bayern letzten Endes Bayern werden, so werden auch die Nachkommen eines

Sachsen oder Polen in Pommern auf lange Sicht Pommern. Es ist den Goten, Wenden, Westdeutschen, Preußen so ergangen, und es wird den jetzt neu Zugezogenen nicht anders ergehen.

Das Pommerische ist, so meine ich, von ziemlich starker und zäher Substanz. Es kann sich von wenigen in viele umsetzen, und es wird von der Landschaft geprägt, in der es entstand. Weder die Schwerter der Ordensritter noch die Gebete der Mönche haben es umbringen können. Die Preußen haben diese Substanz benutzt, wo immer sie konnten, und Bismarck wäre wohl ein Pommer geworden, hätte er sich in Pommern naturalisieren lassen können. Auch die Pommern, die jetzt Ostmecklenburger sind, werden Pommern bleiben. Daran ändert kein Dekret etwas. Wie kläglich müßte der Versuch scheitern, der es unternähme, kraft eines Dekrets aus Bayern etwa Schwaben zu machen! Auch wenn die Bayern sich nicht widersetzen würden oder könnten, blieben sie Bayern. Und mit den Pommern ist es nicht anders.

Trotzdem: das Pommern der Zukunft wird nicht das Pommern der Vergangenheit sein. Jenes Pommern, in dem ich geboren wurde und aufwuchs, das für alle noch lebenden Pommern fast nur noch aus Erinnerungen besteht, ist genauso abgebrannt wie nach dem Dreißigjährigen Krieg. Es läßt sich weder renovieren noch restaurieren. Wallenstein und Gustav Adolf brachten das Pommern jener Zeit um, Hitler und Stalin das unserer Tage. Was es aber noch immer gibt, wenn auch stark dezimiert, sind: die Pommern.

Liegt ein Pommer im Sterben, so sagt vielleicht ein anderer zu ihm:

«Lot di nich unnerkriegen, Karl.»

«Nee, nee», sagt dann der Sterbende, «unnerkriegen lot ick mi nich. Öber starben möt ick nu jo woll.»

Es liegt schon Jahre zurück, als ich einmal im Frühling in dem heutigen Ostmecklenburg, das heißt in Vorpommern, war. Meine Mutter lag auf dem Sterbebett. Hätte ich sie so angesprochen wie oben: «Laß dich nicht unterkriegen», so wäre die Antwort ähnlich ausgefallen.

In jenen Tagen ging ich an einem Maiabend unter den Kastanienbäumen entlang, unter denen wir einmal Maikäfer gefangen hatten. Ich sah keine Maikäfer, und es kam mir vor, als gebe es sie nun nicht mehr. Auch sie, so schien es mir, waren davongeflogen. Der hessische Kindervers, der keinen Bezug zur Wirklichkeit für mich besessen hatte, nun war er Wirklichkeit geworden:

«Pommerland ist abgebrannt.»

INHALT

172/10

706/2